学习贯彻习近平新时代中国特色社会主义经济思想
做好“十四五”规划编制和发展改革工作
| 系列丛书 |

加强煤电油气产供储销体系建设

丛书编写组　编著

中国市场出版社 China Market Press　中国计划出版社
·北京·

图书在版编目（CIP）数据

加强煤电油气产供储销体系建设 / 学习贯彻习近平新时代中国特色社会主义经济思想 做好“十四五”规划编制和发展改革工作系列丛书编写组编著. —北京：中国市场出版社有限公司：中国计划出版社，2020.8（2020.10重印）

（学习贯彻习近平新时代中国特色社会主义经济思想 做好“十四五”规划编制和发展改革工作系列丛书）

ISBN 978-7-5092-1986-7

Ⅰ. ①加… Ⅱ. ①学… Ⅲ. ①习近平新时代中国特色社会主义思想－学习参考资料 ②能源经济－经济发展－中国－学习参考资料 Ⅳ. ①D610 ②F426.2

中国版本图书馆CIP数据核字（2020）第160662号

加强煤电油气产供储销体系建设

JIAQIANG MEI-DIAN-YOU-QI CHANGONGCHUXIAO TIXI JIANSHE

编　　著：丛书编写组
责任编辑：宋　涛
装帧设计：蒋宏工作室

出版发行：中国市场出版社　中国计划出版社
社　　址：北京市西城区月坛北小街2号院3号楼（100837）
电　　话：（010）68034118 / 68032104 / 68020340
网　　址：http://www.scpress.cn

印　　刷：河北鑫兆源印刷有限公司
规　　格：170mm × 240mm　　1/16开本
印　　张：11　　字　　数：110千字
版　　次：2020年8月第1版　　印　　次：2020年10月第2次印刷
书　　号：ISBN 978-7-5092-1986-7
定　　价：30.00元

前 言

能源是人类社会发展的重要物质基础，能源安全是关系国家经济社会发展的全局性、战略性问题，对国家繁荣富强、人民生活改善、社会长治久安至关重要。目前，我国已成为世界上最大的能源生产国和消费国，形成了煤炭、电力、石油、天然气、可再生能源全面发展的能源供给体系，但同时也面临着世界能源供需格局发生新变化、区域性时段性煤电油气供需不平衡等突出矛盾和问题，还有很多短板需要补齐。为了更好地适应错综复杂的能源发展环境和变化趋势，保障国家能源安全和供需平衡，习近平总书记明确要求加强产供储销体系建设。近年来，国家发展改革委、国家能源局认真贯彻落实习近平总书记重要批示指示精神，坚持目标导向、问题导向、结果导向，抓住主要矛盾和矛盾的主要方面，大力推动煤电油气产供储销体系建设，取得了积极进展和明显成效。为深入学习、深刻领会习近平总书记关于加强产供储销体系建设的重要论述，更好地总结推进此项工作，特编写本书。

本书包括五部分。第一章阐述了习近平总书记关于煤电油气产供储销体系建设重要论述的重大意义。第二章阐释了学习贯彻习近平总书记关于煤电油气产供储销体系建设重要论述的深刻体会。第三章总结了煤电油气产供储销体系建设的实践与成效。第四章分析了“十四五”时期煤电油气保障供应面临的形势。第五章提出了“十四五”时期煤电油气产供储销体系建设的总体考虑和实施路径。

面对“十四五”时期煤电油气保障供应的新形势、新任务、新要求，必须以习近平新时代中国特色社会主义经济思想为指导，深入学习贯彻习近平总书记关于加强产供储销体系建设的重要论述，以钉钉子精神，把工作一项一项落到实处，为推动经济高质量发展、建设现代化经济体系，实现“两个一百年”奋斗目标、实现中华民族伟大复兴的中国梦提供有力的煤电油气要素保障。

本书编写组

2020年8月

目　录

第四章
“十四五”时期煤电油气保障供应面临的形势

第五章
以习近平新时代中国特色社会主义经济思想
指导推进“十四五”时期煤电油气产供储销体系建设

第一章

充分认识习近平总书记关于煤电油气产供储销体系建设重要论述的重大意义

习近平总书记始终高度重视能源供应保障工作。党的十八大后，面对能源供需格局新变化、国际能源发展新趋势，习近平总书记从保障国家能源安全的全局高度，提出“四个革命、一个合作”能源新战略。2018年2月7日，针对北方地区出现的较大范围天然气供应紧张局面，习近平总书记亲自部署，要求把天然气产供储销体系建设作为一个重点工作抓好。各地区、各有关部门和企业坚决贯彻落实习近平总书记重要指示，紧紧围绕产、供、储、销各环节，抓关键、补短板、强弱项，使天然气供应保障能力在较短时间内得到明显提升，确保了天然气供应平稳有序。实践证明，习近平总书记关于加强产供储销体系建设的重要论述和重要指示，是在深刻洞察国际国内能源发展形势、牢牢把握我国能源发展主要矛盾的基础上作出的英明决策，为我们做好能源供应保障工作和确保国家能源安全提供了根本遵循，具有重大而深远的理论意义和现实意义。

第一节

“四个革命、一个合作”能源新战略的重要组成部分

习近平总书记2014年6月13日主持召开中央财经领导小组第六次会议，就推动能源生产和消费革命提出5点要求：推动能源消费革命，抑制不合理能源消费；推动能源供给革命，建立多元供应体系；推动能源技术革命，带动产业升级；推动能源体制革命，打通能源发展快车道；全方位加强国际合作，实现开放条件下能源安全。“四个革命、一个合作”的能源新战略，深刻揭示了世界能源发展的大趋势大逻辑，是做好新时代能源工作的根本遵循。2018年2月7日，针对北方地区出现的较大范围天然气供应紧张局面，习近平总书记要求加强天然气产供储销体系建设。这是“四个革命、一个合作”能源新战略的重要组成部分，是习近平新时代中国特色

社会主义经济思想的重要内容。

一、与“四个革命、一个合作”能源新战略的精神内在统一

“四个革命、一个合作”是习近平总书记提出的能源新战略，产供储销体系建设是这一战略的具体化。正是在“四个革命、一个合作”能源新战略的指引下，我国能源转型发展和产供储销体系建设才得以深入推进，供给体系不断完善，煤电油气保障供应能力稳步提升，较好地满足了经济社会发展需要，经受住了新冠肺炎疫情等突发情形的冲击和考验。

二、“四个革命、一个合作”是能源新战略的具体实践方案

“能源技术革命”主要着眼于能源生产；“能源供给革命”和“国际合作”主要着眼于能源供应；“能源体制革命”主要着眼于理顺能源上下游关系，能源储备是其中的重要方面；“能源消费革命”主要着眼于能源销售和消费。“四个革命、一个合作”站在能源发展全局的高度上，指出了能源产供储销应该着力推进的方向；产供储销体系建设从能源供应的角度，对贯彻能源新战略提出了具体实践方案。

三、习近平新时代中国特色社会主义经济思想指导能源高质量发展的实践结果

保障天然气稳定供应面临的一些突出问题，在保障煤炭、电力、石油稳定供应工作中同样存在。这就要求我们在做好天然气产供储销体系建设的同时，将产供储销体系建设的理念进一步推广到煤炭、电力、石油等领域。要抓住有利时机，大力推进煤炭、电力、石油产供储销体系建设，在各个能源品种上全面落实“四个革命、一个合作”新战略。实践证明，煤炭、电力、石油、天然气产供储销体系建设效果十分显著，解决了一些长期以来难以解决的深层次矛盾和问题，办成了一些过去想办而没有办成的大事，切实推动了能源高质量发展。

第二节

揭示了能源与经济社会发展关系的特点规律

习近平总书记指出，能源安全是关系经济社会发展的全局性、战略性问题，对国家繁荣发展、人民生活改善、社会长治久安至关重要[1]。当前和今后一个时期，我国经济社会发展对能源的需求仍将保持增长，对能源供给的质量和可靠性要求越来越高。面对我国能源发展现状与未来需要，习近平总书记高屋建瓴，从战略层面提出加强煤电油气产供储销体系建设的要求，深刻揭示了能源必须更好地满足经济社会发展需要的特点规律。

[1] 在中央财经领导小组第六次会议上的讲话（2014年6月13日），《人民日报》2014年6月14日。

一、新时代经济社会发展对煤电油气保障供应提出了更高的要求

在计划经济时期和社会主义市场经济建立初期，煤电油气普遍短缺，供应保障的主要矛盾是满足总量需求。随着我国经济已由高速增长阶段转向高质量发展阶段，人民生活水平不断提高，生态环境保护日益加强，经济社会对煤电油气供应保障的要求也越来越高，煤电油气保供要解决的问题呈现多元化。适应这些新形势、新变化，必须以习近平新时代中国特色社会主义经济思想为指导，深刻理解习近平总书记关于天然气产供储销体系建设的思想内涵，抓住能源领域发展面临的主要矛盾和矛盾的主要方面，全力推进能源高质量发展，确保高质量供给。一是推动能源供给能力持续增长。当前我国人均GDP与主要发达国家还有很大差距，今后较长一段时间内，我国经济仍将保持中高速增长，仍需要强有力的能源要素支撑。二是推动能源结构加快转型升级。加快构建清洁低碳、安全高效的现代能源体系，提高我国整体能效水平。推动传统能源清洁高效利用，加快风电、太阳能发电等清洁能源发展，着力提升清洁能源在能源消费总量中的比重。三是推动能源供应保障更加可靠。我国工业体量巨大，能源供应大规模中断带来的经济损失难以承受；群众日常生活对电力和油气的依赖日益增强，一旦中断群众生活将受到巨大影响。这就要求夯实能源供应保障的基础，满足经济

社会发展和民生改善的需要。

二、能源供应的新变化加大了煤电油气保供难度

习近平总书记指出，我们遇到的很多问题都是中长期的，必须从持久战的角度加以认识，加快形成以国内大循环为主体、国内国际双循环相互促进的新发展格局[1]。当前国际国内能源供给格局发生了深刻变化，加大了煤电油气保供难度，必须科学地分析这些变化和困难，加快推进产供储销体系建设。一是近年来不同能源品种发展速度差异明显。煤炭消费总量受到严格控制，消费增长速度明显放缓。电力消费总体保持平稳增长；水电、风电、太阳能发电等清洁能源加快发展。石油消费有所放缓但仍保持一定速度的增长；天然气消费受清洁取暖等因素推动快速增长。二是石油天然气进口持续增加。我国油气资源禀赋不足，为满足消费需求的较快增长，只能通过加大进口来保障供应，目前已经是全球第一大油气进口国。三是电力、天然气需求的峰谷差不断拉大。我国电力负荷日最大峰谷差超过40%，部分城市电网超过50%，部分地区夏季高峰时段电力调峰能力不足的矛盾持续显现，天然气消费的季节性特征更为明显，冬季高峰用气与淡季低谷用气之比高达4∶1，部分城市甚至达到10∶1左右。四是不同能源品种之间的传导影响加快。冬

[1] 在十九届中央政治局会议上的讲话（2020年7月30日），《人民日报》2020年7月31日。

季天然气供不应求，很快就会因为大量增加电取暖，传导到电力领域；从电力领域很快又传导到煤炭领域，导致发电耗煤增加较多，造成煤、电、气全面紧张。

三、提升煤电油气保供能力必须加强产供储销体系建设

每个能源品种从最初生产到最终消费，都涉及生产、运输和销售等各个环节，是一个彼此关联、互相影响的系统，哪个环节出现问题，都会影响能源稳定供应。长期以来，我国煤电油气供应保障工作主要解决的就是供需平衡、供销衔接问题。面对新时代的新形势、新挑战，习近平总书记及时作出了加强产供储销体系建设的重要指示，为做好新时代的能源供应保障指明了方向，提供了根本遵循。让我们将关注点集中在煤电油气产、供、储、销的薄弱环节，加快补上短板，保障各环节衔接顺畅，整体提升煤电油气供应保障水平，更好地满足经济社会发展需要。

第三节

指明了推动能源高质量发展的战略方向

习近平总书记指出，我国经济已由高速增长阶段转向高质量发展阶段，正处在转变发展方式、优化经济结构、转换增长动力的攻关期[1]。经济的高质量发展，离不开能源的高质量发展。

一、经济高质量发展要求能源高质量发展

推动经济高质量发展，建设现代化经济体系，是我国发展的战略目标。现代能源经济既是现代化经济体系的重要组成部分，

[1]《决胜全面建成小康社会 夺取新时代中国特色社会主义伟大胜利——在中国共产党第十九次全国代表大会上的报告》（2017年10月18日），《人民日报》2017年10月28日。

也是推动生态文明建设、构建绿色发展体系的关键内容。实现经济高质量发展，推动生态文明建设，要求能源也要实现高质量发展，必须构建清洁低碳、安全高效的能源体系，提供坚强可靠的能源供应保障。

二、能源高质量发展的关键是转型变革

习近平总书记指出，以清洁高效可持续为目标的能源技术加速发展将引发全球能源变革[1]。实现能源高质量供给，必须着力推动能源消费模式、能源生产模式和能源系统布局的全面优化和转型变革。必须坚持质量第一、效益优先，以供给侧结构性改革为主线，推动经济发展质量变革、效益变革、动力变革，提高全要素生产率。这就要求我们必须以习近平新时代中国特色社会主义经济思想为指导，正确地认识和把握能源领域的发展趋势和变化规律。清洁化、低碳化是未来能源供应的发展方向。要逐步降低煤炭消费比重，提高非化石能源和天然气消费比重，坚持发展非化石能源与清洁高效利用化石能源并举，走多元化发展的道路。经济高效是能源供应系统的基本特征。随着能源科技不断进步，风电、太阳能发电等清洁能源发电成本不断降低，有利于降低能源综合开发和利用成

[1] 在中国科学院第十九次院士大会、中国工程院第十四次院士大会上的讲话（2018年5月28日），《人民日报》2018年5月29日。

本。智能电网、能源互联网的发展，也在不断提高能源效率和经济性。安全可靠是能源供应系统的根本要求。能源系统安全风险随着能源转型不断变化，也随着能源系统结构的优化和能源技术的进步不断得到控制和改善。储能、智慧电厂、智能电网等现代能源技术的发展不断提高能源系统安全水平，也为能源转型创造有利条件。

三、能源转型变革要求必须加强产供储销体系建设

党的十九大报告指出，建设现代化经济体系，必须把发展经济的着力点放在实体经济上，把提高供给体系质量作为主攻方向，显著增强我国经济质量优势，坚持去产能、去库存、去杠杆、降成本、补短板，优化存量资源配置，扩大优质增量供给，实现供需动态平衡。加快推进能源转型变革，是一项长期战略任务，更是一项复杂的系统工程。能源转型变革具体体现在生产、供应、储备和销售等各环节，需要通过加强产供储销体系建设，推动每个环节的优化升级，从而推动整个能源转型变革。在推进能源转型变革的过程中，伴随着结构调整和开发利用方式的转换，往往存在较大的波动性和不确定性。在此过程中，尤其要通过加强产供储销体系建设，保持煤电油气产业链、供应链的基本稳定，平稳实现能源的转型变革。

第四节

提供了保障我国能源安全的根本路径

习近平总书记指出，保障能源安全，要明确责任、狠抓落实、抓出成效，密切跟踪当前国际能源市场出现的新情况新变化，趋利避害，加快完善石油战略储备制度，推进能源价格、石油天然气体制等改革，大力发展非常规能源[1]。习近平总书记关于加强煤电油气产供储销体系建设的重要论述，为我们提供了保障能源安全的根本路径。

---

[1] 在中央财经领导小组第九次会议上的讲话（2015年2月10日），《人民日报》2015年2月11日。

一、百年未有之大变局使全球能源供应格局发生历史性变革

习近平总书记指出，当今世界正在经历百年未有之大变局。世界多极化、经济全球化、社会信息化、文化多样化深入发展，全球治理体系和国际秩序变革加速推进[1]。

全球能源资源格局也在发生历史性变革和趋势性变化。一是能源需求增速逐步放缓且向亚太地区转移。据预测，未来一段时期全球能源需求增速将显著低于过去20年的水平，中国、印度等新兴市场国家需求快速增长，亚洲对石油进口的依赖显著提升，世界能源贸易重心正在转向亚太地区。二是能源结构向低碳化、电力化发展。低碳化和电力化将是当前及今后较长一段时期内的主要发展方向，电力行业将会消耗全球一次能源增量的约3/4，全球电气化程度进一步加深。三是全球油气市场供应格局深刻调整。随着页岩油快速增产，美国已经成为全球最大的原油生产国之一，全球原油供应形成美国、欧佩克、俄罗斯三足鼎立的格局。四是能源科技进步加快步伐。可再生能源、储能、煤炭清洁利用、页岩油气开采、智能电网等领域相关技术有望取得显著进步，全球

---

[1] 在2018年中非合作论坛北京峰会开幕式上的主旨讲话（2018年9月3日），《人民日报》2018年9月4日。

能源正由信息化发展阶段过渡到智能化发展阶段。

二、大变局给煤电油气供应保障带来机遇和挑战

目前，我国发展仍处于并将长期处于重要战略机遇期。一方面可以凭借超大规模市场优势，提升在国际能源市场的话语权和影响力；另一方面可以加快推进能源与大数据、人工智能、云计算等技术深度融合，实现能源生产与供给质量的大幅提升。

同时，当前国际体系和国际秩序深度调整，影响能源供应的不稳定因素明显增多。近年来，受重大突发事件等影响，国际原油市场波动剧烈。2008年以来，全球油价共出现四次40%以上的跌幅，2020年4月20日WTI原油期货价格甚至出现负油价，创下历史纪录。这对我国能源长期稳定安全可靠供应形成了极大的挑战，要求我们必须以习近平新时代中国特色社会主义经济思想为指导，以供给侧结构性改革为主线，大力加强能源产供储销体系建设，确保供应安全。

三、应对挑战需要加强煤电油气产供储销体系建设

应对新一轮世界大发展大变革大调整对我国煤电油气保障供应带来的新形势新挑战，必须深入贯彻落实习近平总书记重要指示精神，按照总体国家安全观的要求，增强忧患意识，坚持底线思维，

统筹国内国际两个大局、两个市场和两种资源，不断增强能源持续稳定供应能力、合理需求调控能力、系统灵活调节能力、安全风险预警和管控能力，从战略举措的高度，协同联动做好产供储销各环节工作。

当前，要牢牢掌握能源安全主动权，围绕推进“一带一路”建设，坚持互利共赢开放战略，加强境外多元合作和沿线能源基础设施互联互通，积极参与全球能源治理，全面提升能源国际合作质量和水平，形成多元化的境外资源供应格局，实现开放格局下的煤电油气安全稳定供应。

第二章

学习贯彻习近平总书记关于煤电油气产供储销体系建设重要论述的深刻体会

习近平总书记关于煤电油气产供储销体系建设的重要论述，内涵丰富，思想深邃，是推动能源高质量发展的根本遵循和行动指南。做好煤电油气产供储销体系建设，必须深入贯彻落实习近平新时代中国特色社会主义思想，坚持以人民为中心，坚持系统思维，坚持底线思维，坚持问题导向。

第一节

必须坚持以人民为中心

习近平总书记指出，为人民谋幸福，是中国共产党的初心。我们要时刻不忘这个初心，永远把人民对美好生活的向往作为奋斗目标[1]。习近平总书记的重要论述，生动诠释了中国共产党人的根本立场，生动诠释了全心全意为人民服务的根本宗旨，生动诠释了新时代中国特色社会主义的根本追求，这是做好煤电油气产供储销体系建设的工作导向。

[1]《在党的十九届一中全会上的讲话》(2017年10月25日)，《求是》2018年第1期。

一、人民对美好生活的向往就是我们的奋斗目标

把人民对美好生活的向往作为奋斗目标，关键是站稳人民立场。人民立场是中国共产党的根本政治立场，是马克思主义政党区别于其他政党的显著标志，体现了马克思主义唯物史观，体现了对人民创造历史的地位和作用的深刻认识，体现了对人类社会发展规律的科学把握，体现了对保持党的先进性和纯洁性的坚定追求。只有真正领悟了人民立场的真谛，才会自觉站在人民立场上想问题、作决策，做事情、干事业，做有利于人民、符合人民眼前利益要求和人民长远利益要求的事。

把人民对美好生活的向往作为奋斗目标，最终要落实到实现好、维护好、发展好最广大人民的根本利益上。党的十九大报告指出，新时代我国社会主要矛盾已经转化为人民日益增长的美好生活需要和不平衡不充分的发展之间的矛盾。站在新的历史起点上，人民对美好生活的向往更加强烈，需求呈现多样化多层次多方面的特点，期盼有更好的教育、更稳定的工作、更满意的收入、更可靠的社会保障、更高水平的医疗卫生服务、更舒适的居住条件、更优美的环境、更丰富的精神文化生活。落实以人民为中心发展思想，就是要紧扣新时代我国社会主要矛盾的变化，自觉用新发展理念统领发展全局，着力破解发展不平衡不充分问题，坚持发展为了人民、发展依靠人民、发展成果由人民共享，不断促进人的全面发展、全

体人民共同富裕。

把人民对美好生活的向往作为奋斗目标，就要把党的群众路线融入经济社会发展全过程。群众路线始终是党的生命线和根本工作路线，是中国共产党永葆青春活力和战斗力的重要传家宝。要在经济发展的各个环节贯彻党的群众路线，做到老百姓关心什么、期盼什么，就抓住什么、推进什么，通过改革发展给人民群众带来更多实惠。紧紧抓住人民最关心最直接最现实的利益问题，从人民群众关心的事情做起，从让人民群众满意的事情做起，使人民获得感、幸福感、安全感更加充实、更有保障、更可持续。

二、加强天然气产供储销体系建设是保障和改善民生的重要内容

习近平总书记强调，推进北方地区冬季清洁取暖，关系北方地区广大群众温暖过冬，关系雾霾天能不能减少，是能源生产和消费革命、农村生活方式革命的重要内容。要按照企业为主、政府推动、居民可承受的方针，宜气则气，宜电则电，尽可能利用清洁能源，加快提高清洁供暖比重[1]。

清洁取暖关系广大人民群众生活，是重大民生工程、民心工

[1] 在中央财经领导小组第十四次会议上的讲话（2016年12月21日），《人民日报》2016年12月22日。

程。长期以来，我国北方地区清洁取暖比例低，特别是部分地区冬季大量使用散烧煤，大气污染排放量大，迫切需要推进清洁取暖。既要温暖过冬，又要蓝天白云，这是北方人民群众普遍关心的突出问题。大力推进北方地区清洁取暖，深刻体现了党中央以人民为中心的发展思想，想群众之所想、急群众之所急、解群众之所困。

天然气供暖是北方地区冬季清洁供暖的重要方式。天然气是优质高效、绿色清洁的低碳能源，燃烧时能减少二氧化硫和粉尘排放量近100%，减少二氧化碳排放量60%，减少氮氧化物排放量50%，能有效改善环境质量，这些优点使得天然气逐渐成为我国现代清洁能源体系的主体能源之一。但长期以来，我国资源禀赋具有“富煤、贫油、少气”的特点，天然气剩余探明可采储量仅占世界的3%左右，快速提升生产供应能力难度较大；随着清洁取暖工作稳步推进，天然气需求快速增加，冬季采暖期供气不足问题更加凸显。

加强天然气产供储销体系建设是确保群众温暖过冬的重要保障。2017年底，一些地方特别是在中国北方的一些地区，一度出现天然气供应紧张局面。党中央高度重视，习近平总书记多次作出重要批示指示，要求加强天然气产供储销体系建设，确保群众温暖过冬。为深入贯彻落实习近平总书记重要批示指示精神，相关部门、地方和主要供气企业共同努力，采取了一切可能采取的措施，“有惊无险”地平稳完成了保供保暖工作。在天然气保供过程中，也暴露出我国天然气体制机制不完善、基础设施严重不足等问题，必须要靠稳步扎实推进天然气产供储销体系建设来解决。

三、加强煤电油气产供储销体系建设有利于更好地满足人民日益增长的美好生活需要

煤电油气和人民群众生产生活密切相关。供煤、供电、供油、供气、供暖关系千家万户，关系生产生活，是整个经济社会得以正常运转的基础；如果煤电油气得不到有效保障，群众生活必然受到重大影响。经过多年的发展，我国煤电油气保障供应能力明显提高，满足群众需要的能力日益增强，但近年来煤电油气领域发生了很多新变化，对保障供应提出了新要求。

新时代的煤电油气领域发生了很多新变化。从煤炭领域看，自2007年取消由政府主导、延续了50多年的煤炭订货会开始，到现在煤炭经营和价格彻底放开，计划管理已全面淡出煤炭领域，煤炭市场可以说已经完全市场化。从电力领域看，随着放开发用电计划、组建电力交易机构，2019年市场化交易电量比例已提高到37.5%；经营性领域的发用电计划全面放开、电价全面放开，标志着电力领域也将全面市场化。从油气领域看，2017年中共中央、国务院印发了《关于深化石油天然气改革的若干意见》，2019年国家石油天然气管网集团有限公司正式成立，标志着放开两头、管住中间的“X+1+X”的石油天然气市场体系将全面形成。总的看，煤电油气面临的体制环境都发生了重大变化。

只有适应引领新变化才能满足人民群众日益增长的美好生活需

要。在经济社会快速发展、技术手段日新月异、能源领域不断变化的背景下，保障煤电油气的传统手段不断弱化甚至取消，对于出现的新情况、新问题，必须发现新手段，找到可行的措施和办法，这就是加强煤电油气产供储销体系建设。近年来，相关部门进行了大量探索，比如，优先发电和优先购电、产能储备、社会责任储备、产能置换指标交易、中长期合同和信用监管、基准价和浮动价相结合的定价机制等，其中很多都是前些年没有的概念，现在已经成为产供储销体系建设的重要内容。没有这些措施和办法，没有产供储销体系建设，煤电油气供应就难以满足新时代人民群众日益增长的美好生活需要。

第二节

必须坚持系统思维

习近平总书记指出，全面深化改革是一项复杂的系统工程，需要加强顶层设计和整体谋划，加强各项改革关联性、系统性、可行性研究[1]。党的十八大以来，习近平总书记多次强调改革开放是复杂的系统工程，各级领导干部要有系统思维，要以科学的思维方法保证各项改革顺利推进，这是做好煤电油气产供储销体系建设必须坚持的科学方法。

[1] 在党外人士座谈会上的讲话（2013年9月17日），《人民日报》2013年11月14日。

一、坚持系统思维是顺利推进发展改革工作的内在要求

坚持系统思维必须关注系统的整体性，树立大局意识。整体性要求我们必须明确任何一个对象都是由若干要素构成的系统，必须把整体作为认识的出发点和归宿，牢固树立大局意识，自觉从大局看问题，把工作放到大局中去思考、定位、摆布，做到正确认识大局、自觉服从大局、坚决维护大局。

坚持系统思维必须关注系统的结构性，注重优化结构。系统的要素是功能的基础，而结构是从要素到功能必经的中间环节，在相同要素情况下，要发挥结构对功能的决定性作用，必须注重优化结构。中国特色社会主义进入新时代，我国社会主要矛盾已经转化为人民日益增长的美好生活需要和不平衡不充分的发展之间的矛盾，结构性问题突出，与此相对应，供给侧结构性改革已经成为当前和今后一个时期经济工作的主线。

坚持系统思维必须关注系统的动态性，把握好力度和节奏。事物都是普遍联系的，系统内部诸要素之间的联系及系统与外部环境之间的联系都不是静态的，都与时间密切相关，并会随时间不断地变化。系统在有序和无序之间的演化，关键是把握系统演化过程中的控制项，对系统实现自觉的控制。这就要求我们必须准确把握事物发展演进的规律，同时掌握好有利时机，通过关键控制项推动系统朝着目标方向演化。

二、做好能源工作必须坚持系统思维

要坚持能源的安全性、经济性和可持续性并举。能源问题关系经济、社会、环境、民生等诸多方面，涉及的利益关系错综复杂，做好能源工作必须坚持系统思维，从整体上进行考虑。从欧盟、日本、韩国等能源进口地区和加拿大、俄罗斯等能源输出国的能源战略看，各方都是从自身的能源资源禀赋特点和实际发展需要出发考虑问题、谋划对策，共同的选择是能源供应多元化、突出节能和提高能效、注重发展可再生能源、加强能源资源勘探开发、重视能源科技创新，归纳起来就是统筹谋划能源的安全性、经济性、可持续性。

要统筹能源总量与结构。习近平总书记指出，要调整能源结构，减少煤炭消费比重，加快清洁能源发展[1]。近年来，我国能源领域最主要的变化在于结构。从能源消耗看，2019年我国能源消费总量为48.6亿吨标准煤，比上年增长3.3%，已进入低速增长阶段。从能源结构看，2019年煤炭消费量占能源消费总量的57.7%，虽然占比仍然较高，但比上年下降1.5个百分点；天然气、水电、核电、风电等清洁能源消费量占能源消费总量的23.4%，上升1.3个百分点。加快优化能源结构，构建以清洁低碳能源为主的供应体系，既是全球能源变革的大势，也是我国能源发展的现实需求。

[1] 在全国生态环境保护大会上的讲话（2018年5月18日），《人民日报》2018年5月20日。

要高度重视能源新技术的关键作用。科技决定能源的未来，科技创造未来的能源。党的十九大报告指出，着力加快建设实体经济、科技创新、现代金融、人力资源协同发展的产业体系。新技术就是能源系统演进的“关键控制项”，无论是需求侧还是供给侧，实现能源转型的核心和关键还是科技创新。可再生能源和天然气等清洁能源将满足未来大部分新增的能源需求。互联网、大数据、人工智能等技术与能源行业的深度融合将成为获取低成本能源的重要途径，进而改变世界能源的发展格局。未来在油气、氢能、储能、核聚变等方面都有可能出现颠覆性新技术，从而根本性地改变未来能源的图景。

三、必须将系统思维贯穿于煤电油气产供储销体系建设

产供储销是一个有机系统。产供储销作为一个有机整体，覆盖生产、供应、储备、销售全链条，以生产打牢基础、以通道保障供应、以储备调节峰谷、以销售满足需求，形成了煤电油气保障有力有效、产业健康发展的良好局面。产供储销四个方面必须统筹推进、缺一不可，不重视“产”，供应和发展就失去了根本；不重视“供”，资源就无法有效保障；不重视“储”，需求高峰期就缺少了调节手段；不重视“销”，人民群众的美好生活需要就无法有效满足。

产供储销体系建设要注重补齐系统中的短板。比如，天然

气产供储销体系建设工作中，储气设施不足是突出短板。截至2019年底，我国储气能力为全年消费量的6.5%左右，还未达到12%～15%的世界平均水平。未来我国天然气消费还将快速增长，储气能力不足是最大的风险。补上储气设施短板，是应对季节性峰谷差不断拉大的需要，也是应对供需异常波动稳定价格的需要。

产供储销体系建设必须统筹两种资源、两个市场。未来较长时期，在发展更高层次的开放型经济，推动形成全面开放新格局进程中，加强煤电油气产供储销体系建设，必须统筹利用好国内国际两种资源、两个市场，既坚持立足国内，把国内能源供应作为保障能源安全的主渠道；又加强国际合作，深化“一带一路”能源合作，加快构建多元能源供应体系，实现开放条件下的能源安全。同时，在构建人类命运共同体过程中，积极参与全球能源和气候治理，为推动全球可持续发展、建设清洁美丽的世界作出更大贡献。

第三节

必须坚持底线思维

习近平总书记强调，深刻认识和准确把握外部环境的深刻变化和我国改革发展稳定面临的新情况新问题新挑战，坚持底线思维，增强忧患意识，提高防控能力，着力防范化解重大风险，保持经济持续健康发展和社会大局稳定，为决胜全面建成小康社会、夺取新时代中国特色社会主义伟大胜利、实现中华民族伟大复兴的中国梦提供坚强保障[1]。习近平总书记的重要论述，为我们做好防范化解重大风险各项工作，做好煤电油气产供储销体系建设指明了方向，提供了根本遵循。

[1] 在省部级主要领导干部坚持底线思维着力防范化解重大风险专题研讨班开班式上的讲话（2019年1月21日），《人民日报》2019年1月22日。

一、坚持底线思维才能牢牢把握主动权

坚持底线思维就是要增强忧患意识。忧患意识是中华民族的生存智慧，是促进国家进步、民族振兴的催化剂和动力源。中国共产党在内忧外患中诞生，在磨难挫折中成长，在战胜风险挑战中壮大，始终有着强烈的忧患意识、风险意识。当前，国际形势复杂多变，国内改革发展稳定任务艰巨繁重，面临的风险挑战前所未有，必须时刻保持清醒，在思想上警醒起来，以高度的政治自觉和责任感，居安思危，一时一刻不放松，一丝一毫不马虎，慎终如始做好工作。

坚持底线思维必须保持战略定力。坚持底线思维，就是要把忧患意识转换为实实在在的行动，在风险还没有发生时就事先做好准备。只有准备好了，风险发生时才能不慌，才能保持战略定力，在风险挑战面前做出正确的决策。战略定力还来自自信，必须坚定中国特色社会主义道路自信、理论自信、制度自信、文化自信，始终不忘初心、继续前进。

坚持底线思维必须发扬斗争精神。当前和今后一个时期，我国发展进入各种风险挑战不断积累甚至集中暴露的时期，面对各种矛盾问题、风险挑战，既要保持战略定力，也要发扬斗争精神。坚持底线思维离不开斗争精神，没有斗争就没有胜利，没有斗争就没有发展。必须发扬斗争精神，提高斗争本领，善于抓主要矛盾和矛盾

的主要方面，努力实现斗争过程和斗争实效相统一。

二、坚持底线思维是应对能源领域风险挑战的根本要求

能源安全是国家安全的重要组成部分。能源是现代经济社会运行的基础，是国民经济和社会发展的“粮食”和“血液”。能源安全问题直接关系着一个国家的政治稳定、经济发展、社会和谐、环境改善，也关系着其在国际上的话语权和外交空间，是国家安全的重要组成部分。在新的国际政治经济形势下，我国的能源安全正面临着严重的“外患”和“内忧”，能源系统调节能力不足、清洁能源发展不充分的问题进一步凸显。

我国能源领域的安全风险不容忽视。能源领域的变化越快，在一定程度上蕴含的潜在风险就越多越大。能源对经济社会发展越来越重要，一刻也不能离开，一旦发生风险，带来的问题和损失也越来越巨大。2003年美国、加拿大大停电，仅美国每天的损失就超过300亿美元，2012年印度大停电有6.7亿人受到影响，2019年委内瑞拉连续两次大停电造成全国一半地区完全失去电力。近年来，我国虽然未发生过大停电事故，但绝不能掉以轻心。同时，我国石油对外依存度超过70%、天然气对外依存度超过40%，安全风险较大。

应对能源领域的风险必须坚持底线思维。面对我国能源领域的各种风险挑战，必须坚持底线思维，着力增强供应保障能力，提高

能源系统灵活性，强化能源安全风险管控，为经济社会健康发展提供坚强有力支撑。在大力提升国内能源勘探开发力度的同时，进一步加强储备设施建设，合理提高能源自主保障能力，并做好较长时间内应对外部环境变化的各类保障预案。

三、坚持在产供储销体系建设中贯彻落实底线思维

通过发挥煤炭、煤电的“兜底”作用和大力发展可再生能源来守住能源安全底线。长久保障能源安全，必须立足于我国的自然资源基本国情。我国的能源禀赋就是富煤贫油少气、水力资源较为丰富、风光发展空间无限，但分布都很不均衡。煤炭是我国的主体能源，是稳定、经济、自主保障程度最高的能源，煤电是我国的主力电源，在保障能源供应安全中发挥着“兜底”作用。“十三五”时期，我国水电、风电、太阳能发电装机容量均居世界首位，可再生能源已经成为我国能源结构调整中的中坚力量，正在塑造着新的能源体系。进一步提高可再生能源占一次能源的比重，就能逐步降低能源对外依存度，增加能源安全保障。要进一步加大电能替代力度，让新增用能就是新增用电、就是新增可再生能源成为趋势。

通过加大生产开发力度来守住煤电油气稳定供应底线。发挥勘探“龙头”引领作用，持续强化重大预探领域地质研究、目标准备和技术创新，突出新领域风险勘探，努力获得新的战略突破和发现，推动勘探领域和优质储量实现有序接替。加强国内油气高效开

发，适当扩大整体及重点地区产能建设规模，确保油气产量稳中有升。优化天然气产业整体布局，统筹推进海上天然气、陆上非常规油气勘探开发工作。

通过排查隐患、完善预案来守住煤电油气安全运行底线。能源安全的重要基础是生产供应过程中的全链条安全，必须坚持不懈抓实风险防控工作，压紧压实责任，推进隐患排查和施工现场管理制度化规范化，完善应急处置预案。坚持管理、装备、素质、系统并重，加大煤矿安全投入，落实煤矿安全规程和标准，守住煤矿安全红线。加强网络安全防护技术研究和应用，打牢电力系统和电力网络安全基础；加强电力监管，严密防范各类电力安全事故，保障系统安全稳定运行。加强油气管道完整性管理，加大对重点地区、关键部位管理，保障油气管道运行畅通。

第四节

必须坚持问题导向

习近平总书记指出，要有强烈的问题意识，以重大问题为导向，抓住关键问题进一步研究思考，着力推动解决我国发展面临的一系列突出矛盾和问题。我们中国共产党人干革命、搞建设、抓改革，从来都是为了解决中国的现实问题[1]。推进煤电油气产供储销体系建设更要坚持问题导向，着力解决面临的问题和困难。

---

[1]《关于〈中共中央关于全面深化改革若干重大问题的决定〉的说明》(2013年11月15日)，《求是》2013年第22期。

一、坚持问题导向是党的十八大以来党中央治国理政新理念新思想新战略的鲜明特点

坚持问题导向要敢于正视问题、善于发现问题。对立统一规律告诉我们，矛盾和问题是客观存在的，也是推动事物发展前进的动力。面对问题，必须时刻保持头脑清醒，不掩盖、不回避、不推脱，敢于正视。要善于在国际国内相互联系中发现问题，在改革发展实践中发现问题，在总结经验教训中发现问题，对着问题去、盯着问题改，通过不断地解决问题来推动前进。

坚持问题导向要坚持用科学的方法分析和研究问题。辩证唯物主义和历史唯物主义方法是我们分析现实问题必须坚持的思维方法。必须坚持实事求是，具体问题具体分析，善于在纷繁复杂的问题中把握事物的规律，抓住事关全局的重要问题。只有抓住了主要矛盾和矛盾的主要方面，才能牵住牛鼻子，起到纲举目张的作用。

坚持问题导向要到实践和群众中寻找解决问题的办法。问题在实践中产生，也要在实践中解决。人民群众处在实践的第一线，很多时候对问题的感受更直接、更准确，对情况的了解也更详细、更透彻，因此必须深入人民群众，从群众的伟大创造中汲取丰厚营养。特别是对一些涉及群众切身利益的问题，只有认真听取群众呼声、了解群众诉求，才能找到真正的解决办法。

二、要高度重视煤电油气运行中出现的新矛盾新问题

优质能源需求增加但供给能力不足。我国的常规能源较为丰富，但优质能源的供给能力却严重不足。从煤炭看，安全高效的现代化矿井有限，产业集中度仍然偏低。从石油看，近年来我国进口规模保持在高水平，对外依存度已经超过70%。从天然气看，随着清洁取暖等对天然气需求的快速增加，高峰期供给能力不足问题更加突出。我国经济进入高质量发展阶段，优质能源供给不足与人民群众对优质能源需求不断增加的结构性矛盾将日益凸显。

峰谷差进一步加大但调峰能力不足。随着经济社会的发展，天然气、电力的峰谷差越来越大，季节差越来越大，清洁能源快速发展，如果调峰能力和调峰机制跟不上，必然会造成大量弃水弃风弃光。2015年以来，大中型城市最大峰谷差占用电最大负荷的比重接近50%，一般省份也接近40%；清洁能源发电装机比重接近40%，发电量比重超过30%。但电力系统的调节能力不足，还难以兼顾保障电力供应和消纳清洁能源的需求；天然气调峰能力也存在明显短板。

生态环境压力加大但能源利用效率还有待提高。近年来我国生态环境质量明显改善，但问题仍较严重，其中工业污染是造成生态环境问题的主要原因，这与能源消费紧密相关。党的十八大以来，各地区、各部门以习近平生态文明思想为指引，建立能源消费总量

和强度双控制度，推动能源利用效率持续提升，但与国际先进水平相比仍有一定差距。从能源物理效率看，2017年我国能源利用系统效率为38.8%（包括能源加工转换及输配、终端利用等环节），比经济合作与发展组织（OECD）国家平均水平低2～3个百分点；从主要耗能产品单位能耗看，我国火力发电煤耗、吨钢可比能耗、水泥综合能耗、乙烯综合能耗、单位建筑面积能耗、单位货运周转量能耗等仍比国际先进水平高10%～20%。

三、产供储销体系建设的关键是坚持问题导向

大力增加能源生产供应，解决供给能力不足问题。不断优化煤炭供给结构，坚持“上大压小、增优汰劣”，扩大优质增量供给，促进供需动态平衡；加强铁路煤炭运输通道建设，提升运输能力。持续构建多元化电力生产格局，支持清洁能源发电大力发展，安全发展先进核电；统筹推进电网建设。积极推动国内油气稳产高产，加强重点含油气盆地勘探力度，夯实资源接续基础；推进油气管道建设，逐步解决油品资源不均衡和运输瓶颈问题；加强海外油气资源组织，保障进口油气资源稳定供应。

着力增加能源储备，解决调峰能力不足问题。持续增强煤炭储备能力，鼓励企业在煤炭消费地、铁路交通枢纽、主要中转港口建立煤炭产品储备，按照合理辐射半径，推进储煤基地建设。提升电力系统调节能力，开展现有火电机组调节性能改造，提高电力系统

灵活性，有序安排煤电应急调峰储备电源建设，推动储能技术应用。加快推进储气设施建设，做好地下储气库、LNG储罐统筹规划布局，推进储气设施集约、规模建设。

加强能源需求侧管理，解决利用效率不高问题。推动煤炭清洁高效利用，加快清洁高效技术研发和推广，推进分质分级利用。深化电力需求侧管理，引导和激励电力用户挖掘调峰资源。完善中长期合同制度，提高中长期合同履约水平。建立健全能源市场体系，营造公平竞争的市场环境。强化节能提升能效，组织实施重点节能工程，开展节能改造。

第三章

煤电油气产供储销体系建设实践与成效

党的十八大以来，国家发展改革委、国家能源局会同有关方面深入学习贯彻落实习近平总书记关于煤电油气产供储销体系建设的重要论述，按照党中央、国务院决策部署，以供给侧结构性改革为主线，扎实推进煤炭去产能，深入推进电力、油气体制改革，全力做好运输保障，不断加强应急体系建设，煤电油气产供储销体系建设取得积极进展和明显成效。

第一节

煤炭供给侧结构性改革取得明显成效

统筹做好结构调整、兼并重组、转型升级等工作，努力推动行业高质量发展，煤炭供给侧结构性改革取得明显成效。

一、煤炭去产能任务提前完成

（一）去产能目标任务提前完成

2016—2019年，全国累计淘汰落后煤矿近5 000处、退出落后产能超过9亿吨，提前完成“十三五”煤炭去产能目标任务。

（二）“僵尸企业”加快出清

去产能过程中把处置“僵尸企业”作为重要抓手，出台专门工作方案，指导督促各地分类处置。截至2019年底，累计退出“僵尸企业”或长期停产停建、具有“僵尸企业”特征的煤炭产能4亿吨以上。

（三）职工安置稳妥有序

坚持把职工安置工作作为重中之重，建立横向协同、纵向联动的工作机制，完善政策措施，压实地方责任，健全风险处置预案，全力做好职工安置。中央财政设立专项奖补资金用于去产能职工安置，各地也安排财政资金予以支持。建立产能置换指标交易制度，支持去产能企业市场化筹集职工安置资金。2016—2019年煤炭行业有序安置职工近百万人。

（四）资产债务处置稳步推进

制定印发资产债务处置系列文件，引导去产能企业依法依规加快土地、矿产资源等各类资产处置，指导相关市场主体按照市场化法治化原则，区分不同情形分类处置相关债务。2019年，规模以上煤炭企业资产负债率64.9%，比2015年下降3.1个百分点。

（五）兼并重组转型升级加快推进

建立中央企业煤炭资产管理平台，整合9家中央企业煤炭产能超过2亿吨。神华集团与国电集团重组实现强强联合，兖矿集团通过跨国收购成为澳大利亚最大的独立煤炭生产商、境外产能达到1.3亿吨，甘肃、辽宁重组成立省级煤炭产业集团。全国煤炭产量前10家企业占总产量比重由2015年的39%提高到2019年的45%。

二、煤炭供应保障能力有效提升

（一）全国煤矿量减质增，产能结构不断优化

加快淘汰落后煤矿，全国煤矿数量由2015年底的1万处左右下降到2019年底的5 200多处，其中30万吨以下小煤矿减少2/3。坚持“上大压小、增优汰劣”，在推进去产能的同时，积极培育发展优质产能，行业结构不断优化。全国平均煤矿单井规模由2015年底的50多万吨/年提高到2019年底的100万吨/年左右，120万吨及以上大型煤矿产量占比达到80%，资源优势地区的大型现代化煤矿成为保障煤炭安全稳定供应的骨干力量。

（二）煤炭供需基本平衡，煤炭市场总体稳定

通过推进供给侧结构性改革，煤炭供需基本平衡，市场总体稳

定，行业企业效益明显好转。2019年规模以上煤炭企业实现利润2 830亿元，较2015年的441亿元大幅增加，煤炭协会统计的大型企业亏损面由2015年的90%降至15.5%。煤炭市场形成了良性发展态势，为企业扭亏脱困、转型发展奠定了基础。

（三）违法违规行为得到遏制，市场竞争秩序有效规范

严格治理未批先建煤矿项目，坚决打击超能力生产等违法违规行为，依法依规加大淘汰落后产能力度。大量落后产能和违规产能有序退出，优质产能比例不断提高，煤炭行业遗留多年的违法违规困扰得到有效解决，从根本上扭转了“劣币”驱逐“良币”现象，煤炭供应保障能力进一步提升。

（四）安全生产创历史最好水平，环保形势明显改善

煤矿安全投入能力不断提高，技术装备与管理水平明显提升，2019年煤矿百万吨死亡率0.083，比上年下降10.8%，创历史最好水平。部分煤矿推行智能化生产和取消夜班，更加注重煤矿职工尘肺病等职业健康工作，矿工劳动强度明显降低，劳动条件进一步改善。各地坚决淘汰环保不达标煤矿，加快分类处置与自然保护区重叠煤矿，落实关闭煤矿环境修复责任，最大限度减少煤矿开发对生态环境的影响。不断提高煤炭清洁高效利用水平，原煤入选率由2015年的65.9%提高到2019年的72%以上，矿井水利用率、土地复垦率分别达到73%、50%左右。矿区生态环境质量明

显改善，绿水青山就是金山银山的理念根植于煤炭矿区改革发展实践。

三、煤炭储备能力建设扎实推进

（一）引导企业加强社会责任储备能力建设

根据有关要求，明确年度新增储煤能力任务并分解到各省（区、市），引导企业建立社会责任储备，各省份根据要求明确到具体储备项目。推动各地按照“政府给政策、政府可调度、市场化运作”的原则，鼓励有条件的企业通过“产销联动、共建共享”的方式，推进储备能力建设，特别是湖北荆州、山东济宁、四川广安等地区正在建设一批大型储煤基地，将大幅提升区域和全国煤炭供应保障能力。

（二）指导协调地方和企业推进储煤能力建设

支持湖北省依托枢纽转运优势，推进荆州煤炭储备基地建设，建成后将成为浩吉铁路最大的输配基地，能保障湖北全省1个月以上的电煤需求。吉林省设立省级煤炭储备基地，目前确定的6个省级煤炭储备基地总储煤能力500万吨，省内电煤保障能力显著提高。重庆市与陕煤化集团实施能源战略合作，陕煤化在重庆建设4个储煤基地，有力保障了重庆市煤炭稳定供应。

（三）建立煤炭最低最高库存和可调节库存制度

坚持市场化、法治化原则，建立健全最低与最高库存制度。指导各地区督促煤炭生产、经营、消费企业落实不同时段最低最高库存要求，保持合理库存特别是主要调入地区燃煤电厂常态存煤水平达到15天以上，有力保障了东北等重点地区煤炭稳定供应。华能集团在黑龙江省建立45万吨煤炭可调节库存，接受国家和地方相关部门的动用安排，供暖季循环调用近150万吨，为电煤稳定供应和应急保障发挥了重要作用。

四、煤炭市场体系长效机制初步建立

（一）建立煤炭产能置换制度

从煤炭产业发展和供需平衡实际出发，强化产能置换指标交易，建立了煤炭新旧发展动能转换的长效机制，全国市场化交易煤炭产能置换指标超过3亿吨。产能置换指标交易的成功实践，既拓展了去产能资金来源、节约了财政资金，又增强了资金使用的灵活性，受到地方和企业的欢迎；既引导过剩产能加快退出，又为发展优质产能腾出空间，为“十三五”乃至更长时期煤炭行业结构优化升级探索了可行路径。

（二）中长期合同制度逐步健全

坚持政府、行业和企业协同，强化政府监管和服务，发挥行业协会引导和自律，充分尊重企业市场主体地位，积极探索建立促进中长期合同签订履约的长效机制。指导规范合同签订行为，完善电煤合同价格机制，引导电煤坚持“基准价+浮动价”定价机制。要求中央和各省（区、市）及其他规模以上煤炭、发电企业集团签订的中长期合同数量，应达到自有资源量或采购量的75%以上。加强合同履行信用监管，保证季度履约率不低于80%，半年及全年履约率不低于90%。

（三）煤电联营快速推进

完善相关激励措施，优先发展煤电联营项目，支持相关企业交叉持股和联合重组，从根本上化解煤电矛盾。结合国有企业改革和发展混合所有制，开展煤电联营试点，努力打造跨行业、跨区域、跨所有制发展的大型企业集团，实现上下游产业有机融合，更好发挥协同效应，提高抵御市场风险能力。

（四）煤炭价格异常波动应对机制日益完善

坚持政府引导、企业自愿原则，有关部门加大政策激励，行业协会加强诚信自律，引导符合条件的企业在迎峰度夏度冬等特殊时期主动履行保供稳价社会责任，有效保障供应稳定和价格平稳。

（五）推进煤炭交易市场体系建设

引导和规范地方煤炭交易市场，指导地方在煤炭主产地、集散地和消费地建立健全地方和区域煤炭交易中心。积极推进全国煤炭交易中心建设，为优化资源配置、促进降本增效发挥积极作用。逐步形成层次分明、功能齐全、手段先进、运行规范的煤炭交易市场体系。

第二节

电力体制改革有序推进

电力是关系国计民生的基础产业，事关经济社会发展全局，对满足人民日益增长的美好生活需要有着至关重要的作用。党的十八大以来，各有关方面认真贯彻落实党中央、国务院决策部署，深入推进电力体制改革，清洁低碳、安全高效的电力产供储销体系初步建立。

一、电力生产能力翻番，清洁能源比重迅速提高

党的十八大以来，能源领域全面贯彻落实习近平总书记关于能源生产和消费革命的重要论述，推动清洁能源规模化开发利用，清

洁能源已成为电力建设增量中的主力，在能源消费中的比重持续提升。清洁能源产业迅速发展壮大，为推动我国能源清洁低碳发展发挥了重要作用。

（一）电力生产能力充足

电力产供储销体系能够支撑经济社会发展需要，首先体现在电力生产能力充足。截至2019年底，全国全口径发电装机容量20.1亿千瓦，全年发电量7.5万亿千瓦时，自2011年以来发电装机容量和发电量连续保持世界第一，电力生产环节质量显著提升。其中，非化石能源发电装机占总装机的40.8%，全年发电量占总发电量的30.9%。截至2019年底，煤电装机10.4亿千瓦、气电装机0.9亿千瓦、水电装机3.6亿千瓦、核电装机0.5亿千瓦、并网风电装机2.1亿千瓦、并网太阳能发电装机2.0亿千瓦，煤、气、水、核、风、太阳能发电协同发展，建立了多元化的电力生产体系，形成了多元化的发电技术积累，提升了电力生产安全保障能力。同时，随着清洁能源比例不断提高，在储能技术难以规模化应用、抽水蓄能和气电不足的条件下，煤电作为灵活性调节型基础电源，仍需保持合理发展规模，以保障电力供需平衡和系统安全。

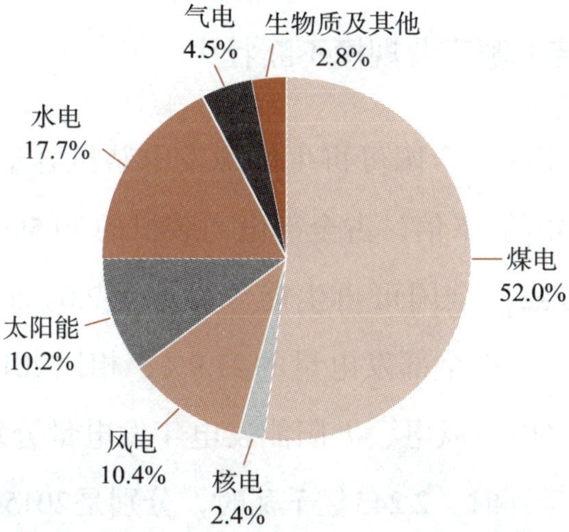

图3-1 2019年我国发电装机结构

数据来源：中国电力企业联合会。

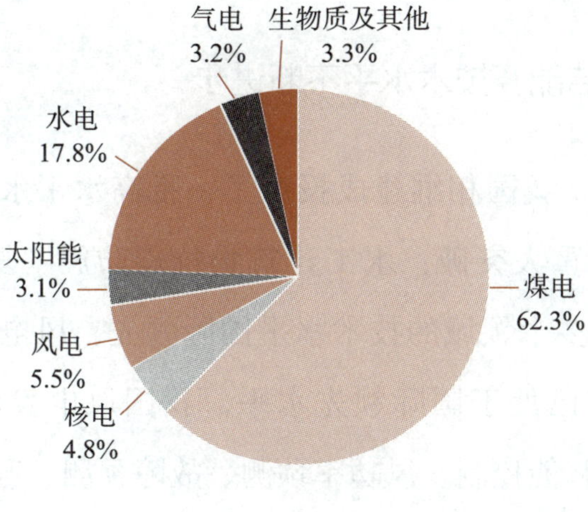

图3-2 2019年我国发电量结构

数据来源：中国电力企业联合会。

（二）清洁能源产业规模不断壮大

截至2019年底，全国可再生能源发电装机容量已达到7.94亿千瓦，是2015年的1.5倍，占全部电力装机的39.5%，相比2015年提高5.4个百分点。全国可再生能源发电量2.04万亿千瓦时，是2015年的1.35倍，占全部发电量的27.9%，相比2015年提高1.6个百分点。其中水电、风电、太阳能发电年发电量分别为1.3万亿千瓦时、4 057亿千瓦时、2 243亿千瓦时，分别是2015年发电量的1.2倍、2.2倍、5.7倍。2019年全国平均水能、风电和太阳能发电利用率分别达到96%、96%和98%。可再生能源的快速发展，为实现非化石能源占一次能源消费比重到2020年和2030年分别达到15%和20%的目标打下坚实基础。

（三）清洁能源技术水平不断进步

水电方面，我国相继建成投产了一批高水平水坝工程，坝工技术取得多项重大突破，水工建筑物抗震防震、复杂基础处理、高边坡治理等多个领域的技术水平国际领先；风电方面，低风速风电技术目前已处于国际领先水平，我国风电发电效率提高了20%～30%，智能控制、风功率预测、故障预测、寿命分析等系统技术不断优化升级；光伏发电技术达到世界领先水平，单晶硅电池转换效率多次刷新世界纪录，光伏电池转换效率最高达到23.9%。

（四）清洁能源发电成本快速下降

陆上风电项目平均单位千瓦造价由1万元左右降至2019年的7 000元左右，部分地区已低于6 000元；太阳能发电方面，光伏组件、系统和逆变器的市场价格下降了90%以上。全国超过一半的省（区、市）风电、光伏发电已具备无补贴建设条件。陆上风电、光伏发电将在“十四五”前期实现无补贴平价上网。

二、电网资源配置能力明显增强，保障民生日益凸显

我国电网规模自2009年以来保持世界第一，电网资源配置能力增强，着力补齐供应短板，提升利用效率，不断提高国家能源安全保障水平，促进能源高质量发展，更好满足人民日益增长的美好生活用电需要。

（一）电网布局不断完善

截至2019年底，全国220千伏及以上线路回路长度达到75.5万千米，220千伏及以上变电容量达到42.6亿千伏安，电网规模自2009年以来保持世界第一。我国电网已形成东北、华北、西北、华中、华东、南方六大区域电网为主体，区域间主要通过直流联络，覆盖全部省（区、市）的电网格局。其中，东北已形成自北向南交直流环网运行的500千伏区域性电网；华北形成了

以京津冀鲁为受端负荷中心，以蒙西、山西电网为送端的“两横一纵”特高压交流主网架；西北已形成以甘肃电网为中心的750千伏主网架；华中以渝鄂背靠背为联系，分别形成以三峡外送系统为核心的覆盖豫鄂湘赣500千伏主干网架和涵盖川渝藏三省（区、市）的500千伏主干网架；华东围绕长三角区域建成特高压交流网架，并向南延伸至福建；南方电网形成了“八交十直”的西电东送主网架。

（二）电力流向逐步优化

截至2019年底，全国跨区输电能力达到14 815万千瓦。同时，南方、华东、华北区域内已投运9条跨省特高压输电线路，输电能力4 580万千瓦。至此，全国已形成了北、中、南3个通道的跨省跨区送电格局。其中，北通道以华北区域内的晋、蒙送电京津冀鲁为主，同时山东接受部分西北、东北电力；中通道以四川、三峡水电及内蒙古、宁夏、陕西、新疆电力送华东为主，辅以皖电东送、川电送渝及新疆和甘肃送电河南、湖南；南通道以南方区域内的云、贵送电广东为主。

（三）区域内资源优化配置不断增强

随着区域电网不断加强，以省为实体的模式已不能适应新的形势，需要打破省间壁垒，依托区域电网平台，加强统一规划，建设区域统一电力市场，实施区域电网统一调度，实现区域内风、光、水、火多类型资源的互补互济，保障区域内电力可靠供应。同时加强智能配电网建设，提高供电能力和可靠性，满足新能源、分布式电源、储能、电动汽车等接入电网需求，推动互联网信息技术与能源融合。

三、系统调峰能力明显改善，储能氢能技术不断突破

电力调峰和储备制度进一步完善，系统调峰能力稳步提高，煤电机组灵活性制造改造工作全面推广，储能关键技术和设备攻关明显加强，储能技术持续发展，储能产业应用不断升级。

（一）电力系统调峰能力明显增加

截至2019年底，已完成煤电机组灵活性改造超过5 000万千瓦，建成抽水蓄能电站3 029万千瓦。灵活性制造和灵活性改造并重，煤电机组制造时的参数设计考虑深度调峰的需要，实现灵活性制造。发电企业对煤电机组稳燃、汽轮机、汽路以及制粉等进行技术改造，对热电机组安装在线监测系统，加快储热、热电解耦等技术改造，机组调峰能力明显提高。具备资源条件的地区在充分论证基础上，建设一批如抽水蓄能电站、燃气蒸汽联合循环电站等调峰能力强的发电项目。新投产煤电机组调峰能力进一步提高，新核准建设煤电机组在设计时考虑配备具有调节性能的主辅机设备和煤炭混合燃烧、配置设施，切实满足深度调峰需要。开展煤电风光储一体化试点，在资源富集的地区，支持煤电和可再生能源优势互补，试

点煤电风光储一体化发展。挖掘企业自备电厂的调峰潜力。企业自备电厂按照要求参与电网调峰，可再生能源与企业自备电厂市场化交易得到鼓励。建立推广调峰机制，认定一批调峰机组。

（二）电力调峰运行水平显著提高

到2020年，调峰机组达到最大发电负荷的10%。所有并网发电机组按要求承担电力系统调峰责任和义务。根据调峰方式、机组类型的不同，对调峰机组实行分类管理。电网调度管理措施进一步完善。调度机构采用技术手段实现优化调度，安排发电机组参与电力系统调峰、调频、备用，通过市场化手段提高电网调峰、调频、调压的能力。按需调用应急调峰机组。应急调峰机组日常停机备用，在出现高峰用电负荷大幅超出预测值，极端天气（极寒或极热）、电网事故、自然灾害等不可抗力时，如发生电力供应紧张的情况，按照规定程序启动。电力调峰和储备制度进一步完善，发电侧调峰机组和需求侧可调节用电负荷并重。

（三）储能建设成本持续下降

我国储能产业已发展多年，目前仍处于市场初期培育阶段。截至2019年底，我国储能市场累计装机3 167万千瓦，以抽水蓄能和电化学储能为主。其中，抽水蓄能装机3 029万千瓦（占比95.6%），全球第一；电化学储能累计装机116万千瓦（占比3.7%），增速显著，以锂离子电池为主，占比75.12%。近年来储能成本持续下降，现阶段，我国抽水蓄能度电成本约0.25元，关键装备生产已基本国产化。电化学储能中经济性较好的是磷酸铁锂电池，单位成本0.6～0.8元。电化学储能系统成本下降主要得益于新能源汽车带动的动力电池成本下降。未来，低成本长寿命储能专用电池将是技术研发和市场应用的主流方向。

（四）储能发展和建设加快推进

近年来，我国储能尤其是新型储能在技术研发和示范应用方面取得了显著进展，一些方面甚至达到国际领先水平。新型储能技术规模化示范应用主要集中在电化学储能领域，预计“十四五”期间电化学储能规模年均增长达到70%～100%。储能关键技术设备攻关已经开展，大容量、高安全、低成本、高效率、长寿命的储能技术研究得到突破。新型电储能和需求侧调峰在“十三五”试点示范基础上形成规模化应用，助力解决可再生能源出力波动问题。

四、电力增长转向高质量发展，消费水平不断提升

电气化水平不断提高，全社会用电量快速增长，电力需求侧管理深入推进，市场化需求响应广泛实施，需求侧管理激励措施进一步完善，电力消费已由高速增长阶段转向高质量发展阶段。

（一）电力消费水平不断提升

2019年，全国人均用电量5 186千瓦时，比上年增加241千瓦时。新兴产业发展和传统产业转型升级将带来能源需求新变化。新一轮工业革命，特别是5G、人工智能、物联网等产业发展和消费升级提升电力消费水平。在用数据中心年用电量超过1 000亿千瓦时；电动汽车年充电量近300亿千瓦时。新型城镇化快速发展，由制造大国向制造强国转变，都有力拉动电力增长转向高质量发展，消费水平不断提升。

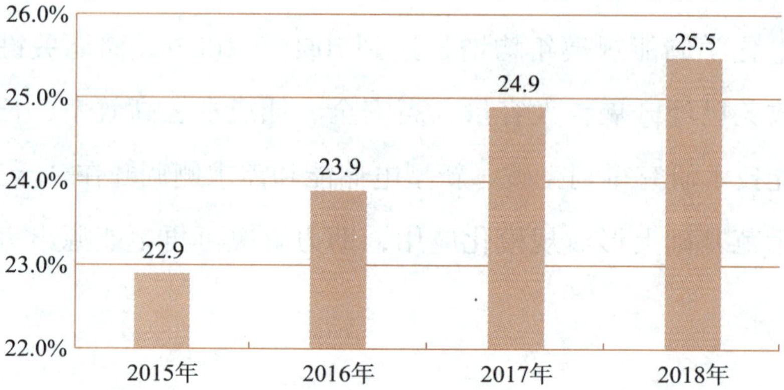

图3-3　电能占全国终端能源消费比重

数据来源：中国电力企业联合会。

（二）电力需求侧管理深入推进

在电力供应不足、突发事件等情况下，通过市场化方式、技术手段以及必要的行政措施，减少部分用电需求，维护供用电秩序平稳，确保居民、农业、重要公用事业和公益性服务等用电不受影响。严格落实国务院关于能源安全储备的要求，到2020年，各地区可中断用电负荷达到最大用电负荷的10%～20%。可中断负荷用电方案动态编制落实，优先购电用户目录初步建立，居民、农业、重要公用事业和公益性服务用电纳入优先购电计划，违法违规和不合理用电受到限制，国家产业政策和节能环保政策贯彻落实，年度方案动态调整并及时向社会和相关电力用户公布。需求侧管理激励措施进一步完善。实施可中断用电的用户得到适当补贴，各地利用电力需求侧管理等方面的资金，对积极采取可中断用电措施并取得明显效果的用户，给予补贴，放宽限制，不纳入有序用电范围。有条件的地区通过市场化方式初步建成可中断负荷电价和高可靠性电价机制，电网企业与电力用户协商签订可中断负荷协议、高可靠性负荷协议，执行可中断负荷电价、高可靠性电价。

（三）市场化需求响应稳步实施

现代信息技术培育电能服务得到推广运用，需求侧市场化激励机制进一步完善，基于价格激励的响应措施得到健全。电力需求侧管理进一步完善推广，用户错峰用电广泛实现，电力需求侧响应能力显著提高。电能替代广泛实施。以电能替代散烧煤、燃油为抓手，电能占终端能源消费比重不断提高。电采暖、地源热泵、工业电锅炉（窑炉）、农业电排灌、船舶岸电、机场桥载设备、电蓄能调峰等得到重点推广和试点。用电侧智能化水平显著提升，“互联网+”电力运营模式初步构建，电能服务管理平台完成建设，智能调度控制系统全面推广，信息平台承载能力和业务应用水平提升，智能电网和智慧城市创新示范区广泛开展。充电设施技术水平显著提升。充电基础设施配套电网建设与改造得到加强，电动汽车充放电行为的有序管理得到推动，车联网等信息服务新领域得到拓展，充电基础设施发展环境和产业格局显著改善。多元化民生用电得到满足。智能楼宇、智能小区、智能园区集中建设，需求侧储能应用试点启动，面向智慧城市的智慧能源综合体系初步建立。

五、市场化改革全面推进，体制机制逐步完善

按照建立“管住中间、放开两头”的体制架构要求，扎实推进电力市场化改革，加强对垄断环节的监管，推动竞争性业务稳步向市场放开。国内有效竞争的电力市场体系初步形成，市场主体活力不断激发，改革红利持续释放，电力市场化改革全面推进，电力体制机制逐步完善。

（一）电力市场化交易电量快速增长

积极推进市场化交易，大幅提高交易电量规模，放开市场主体参与跨省跨区交易，支持用户与清洁能源开展交易。电力市场化交易机制不断完善，约1/3电量通过市场化交易完成。2019年，全国

完成市场化交易电量2.71万亿千瓦时，比上年增长31.6%，占全社会用电量的37.5%（占经营性行业用电量的67.4%）。市场化交易平均降价幅度3.6分/千瓦时，减少电力用户购电支出790亿元，自2016年起累计降低用电成本超2 600亿元。从交易电量占比看，全国21个地区市场化比例超过37.5%的全国平均水平，其中云南、江苏、宁夏、山西均在60%以上，青海、山东、广西、蒙东、新疆、辽宁、安徽均在50%以上。

（二）电力交易机构独立规范运行不断推进

2019年，全国所有省（区、市）均已组建电力交易中心，并成立了北京、广州两个国家级区域电力交易中心。2018年，发布推进电力交易机构规范化建设的通知，要求按照多元制衡的原则对电力交易中心进行股份制改造，北京、广州电力交易中心和广东、广西、云南、贵州、海南、山西、湖北、重庆等8个省（区、市）电力交易中心已引入不同类型的市场主体股东。随着电力市场化改革的不断推进，电力交易中心投入市场化运作，为发电企业和电力用户直接交易提供了平台。电力市场化的推进，降低了实体经济用电成本，使改革红利得到一定程度的释放。

（三）竞争性业务有序向社会资本放开

增量配电试点工作取得实质性突破，截至2019年底，已分四批批复404个增量配电业务改革试点，2020年正在组织开展第五批试点工作。针对一些地区前期试点项目进度较慢、部分地方电网企业不支持试点等问题，相关部门多次开展调研、督导、通报、约谈；针对少数试点项目因前期研究论证不充分而难以实施的问题，及时清退了24个试点项目。增量配电业务改革试点明显提速，建成投运项目已达到135个。此外，全国已成立4 000多家售电公司，向用户提供购售电、合同能源管理和综合节能等多种服务。

（四）现货市场建设平稳推进

2017年8月，印发实施《关于开展电力现货市场建设试点工作的通知》（发改办能源〔2017〕1453号），确定南方（以广东起步）、蒙西、浙江、山西、山东、福建、四川、甘肃8个地区作为第一批试点，加快推动电力现货市场建设。2018年8月，广东率先开始模拟试运行，之后其他试点也相继开展电力现货市场模拟试运行、调电试运行和结算试运行。截至2019年6月，首批8个电力现货市场试点已全部启动模拟试运行。2019年8月，印发实施《关于深化电力现货市场建设试点工作的意见》（以下简称《意见》），要求进一步发挥市场决定价格的作用，建立完善现货交易机制，以灵活的市场价格信号，引导电力生产和消费，加快放开发用电计划，激发市场主体活力，提升电力系统调节能力，促进能源清洁低碳发展。同时，《意见》还按照问题导向和目标导向，紧紧围绕电力现货市场试点工作中面临的重点和共性问题，给出具体政策意见，注重对电力现货市场试点工作的指导性，加快竞争性电力市场建设。2020年，各现货试点将开展较长周期的连续试运行，为下一步连续运行做好充足准备。

（五）输配电价及上网电价改革不断深化

加快健全输配电价监管体系，有序放开竞争性环节电价。2016年实现输配电价改革全覆盖，先后出台成本监审办法以及省级电网、区域电网、专项工程定价办法等，完成第一监管周期输配电价核定；2019年以来，修订成本监审和输配电定价办法，开展全部省级和区域电网第二监管周期成本监审和输配电价核定。同时，深化燃煤发电价格形成机制改革，将标杆电价改为“基准价+上下浮动”的市场化价格机制。平稳推进光伏、风电上网电价市场化改革，为加快推动平价上网创造有利条件。2015年以来，不断深化电价改革，加之国家降低增值税率等措施，2019年社会用电成本比2014年降低约5 000亿元。

第三节

石油保障能力有所提高

党的十八大以来，我国大力提升国内油气勘探开发力度，稳定国内石油产量；统筹推进油气进口多元化，稳定进口来源；优化完善油气管网建设布局，提升管输能力和效率；加快推进石油储备设施建设，提高应急保供能力；推动形成公平竞争的市场环境，提高市场活力，促进行业健康发展，石油供应保障能力不断增强。

一、努力提高石油产量

（一）原油产量由降转升

国内油气生产是我国能源安全的“压舱石”。新中国成立以来，我国石油工业取得巨大成就，1978年原油产量突破1亿吨，2010年突破2亿吨，2015年达到约2.15亿吨。近年来，由于国际油价持续低位徘徊，国内油气勘探开发投资和工作量下降，加之大庆、胜利等老油田进入开发后期，我国原油产量呈缓慢下降趋势，2016、2017、2018年国内原油产量分别为1.98亿吨、1.91亿吨、1.89亿吨。为保障国内原油稳定供应，相关部门组织企业大力提升勘探开发力度，提高国内油气产量。2019年，我国原油产量扭转了连续三年下降势头，达到1.91亿吨，比上年增长1.1%。

（二）新发现一批大型油田，奠定了资源基础

贯彻落实党中央、国务院决策部署，制定实施国内油气增储上产的“七年行动计划”，细化阶段性目标任务，压实各方责任，大力提升国内油气勘探开发力度。国内油气勘探取得积极成效，一批大型石油资源相继被发现。鄂尔多斯盆地长7生油层新增石油探明地质储量3亿吨左右，预测地质储量近7亿吨，合计达到10亿吨级。

（三）煤制油产业初具规模

持续加大煤制油关键核心技术攻关，形成了具有自主知识产权的煤直接液化、间接液化成套工艺技术，低阶煤热解部分关键技术实现突破，煤制油气技术总体上已达国际领先水平，装备国产化率达到98%以上，神华等一批拥有自主知识产权的示范项目相继投产

并逐步稳定运行。

（四）炼油能力长足发展

逐步淘汰能耗水平低、环保性能差的小型炼油企业，加快推进炼化一体化企业发展。将给予地方炼油企业进口原油使用资质与淘汰落后产能工作相结合，淘汰落后炼油产能近1亿吨，产业结构得到进一步优化，炼油能力不断提高，2019年超过8亿吨，居世界第二位，原油加工量约6亿吨，成品油产量约3.8亿吨，较好地满足国内成品油消费需求。

二、供应能力不断增强

（一）国际油气合作持续深入

受限于资源禀赋，国内原油产量难以满足消费增长需求，我国从1993年成为石油净进口国以来，进口量持续增长，2003年突破1亿吨，2019年达到5亿吨。多年以来，我国油气企业积极开展国际合作，初步形成中亚、俄罗斯、非洲、中东、美洲以及亚太等油气合作区。2019年，我国从沙特阿拉伯进口原油超过8 000万吨，从俄罗斯进口原油超过7 000万吨，从巴西、安哥拉和伊拉克进口原油均超过4 000万吨。

（二）合作方式更加多样化

在传统油气合作基础上，通过与大型跨国石油公司资产互换、融资租赁等方式推动油气合作多样化。将油气投资项目从常规油气扩展到油砂、超重油、页岩油等油气项目。综合运用期货贸易、长协贸易、转口贸易、易货贸易等方式，降低能源进口成本和风险，推动原油进口贸易形式多元化。

（三）管网布局不断完善

持续推进重点跨境油气管道建设，中哈、中缅、中俄和中俄二线等四大原油进口管道全面贯通，油气进口供应能力不断提升。不断完善国内油气管网布局，加强重点油气田、炼油厂与消费地之间的互联互通，一批长距离、大输量主干管道建成投产，联络线和区域网络不断完善，基础设施网络基本成型，可基本满足国内石油资源调配需要。

三、储备能力大幅提升

我国是石油进口大国，建立健全石油储备，可有效保障我国石油供应安全稳定。近年来，我国以能源安全为主线，着眼构建石油供应保障长效机制，优化储备制度，结合原油、成品油生产和供应体系，积极发挥政府主导作用和国有企业引领作用，充分激发民营企业储备潜力，构建稳定高效的石油储备体系。

我国石油商业储备起步晚，国企商储公司运营日渐成熟，民营商储公司运营尚在起步阶段。2008年，中石化、中石油分别注册成立商储公司，标志着我国石油商业储备项目正式拉开帷幕。目前，中石油、中石化、中海油作为运作主体构成了我国的企业石油商业储备体系，其商储公司加强产业资本与金融资本结合，有效利用期权、套期保值等金融工具，参与国际石油市场运作，对冲原油商品价格及利率汇率大幅波动风险。

四、油气体制改革迈出实质性步伐

近年来，我国针对石油天然气体制存在的深层次矛盾和问题，持续深化油气勘查开采、进出口管理、管网运营、生产加工、产品定价机制改革和国有油气企业改革，释放竞争性环节市场活力和骨干油气企业活力，提升资源接续保障能力、国际国内资源利用能力和市场风险防范能力、集约输送和公平服务能力、优质油气产品生产供应能力、油气战略安全保障供应能力、全产业链安全清洁运营能力。

（一）勘探开发不断放开

《外商投资准入特别管理措施（负面清单）（2019年版）》取消了石油天然气勘探开发限于合资、合作的限制，将2018年版自贸试验区外资准入负面清单试点的石油天然气勘探开发等开放措施推向全国。2019年，自然资源部印发《关于推进矿产资源管理改革若干事项的意见（试行）》，在中华人民共和国境内注册、净资产不低于3亿元人民币的内外资公司，均有资格按规定取得油气矿业权。中共中央、国务院发布《关于营造更好发展环境支持民营企业改革发展的意见》，支持民营企业进入油气勘探开发、炼化和销售领域，建设原油、天然气、成品油储运和管道输送等基础设施。

（二）管网改革持续提速

2019年，国家石油天然气管网集团有限公司正式成立，标志着我国上游油气资源多主体多渠道供应、中间统一管网高效集输、下游销售市场充分竞争的"X+1+X"油气市场新体系基本确立。《油气管网设施公平开放监管办法》制定出台，鼓励和支持油气管网设施互联互通和公平接入。

第四节

天然气产供储销体系建设初见成效

2017年以来，国务院各有关部门、各地方和油气企业不折不扣地贯彻落实党中央、国务院决策部署，以钉钉子精神，迎难而上，加强顶层设计、抓实协同保障、完善政策支持、优化重大布局、推进重点项目，天然气产供储销体系建设取得阶段性进展，冬季高峰期用气保障更加有序有效。

一、天然气产量连续三年增产超过100亿立方米

2017年以来，各方深入贯彻落实党中央、国务院决策部署，石油企业切实承担油气增储上产主体责任，大力提升油气勘探开发力度，取得阶段性进展。

（一）天然气增储上产支持政策不断出台

“十三五”期间，国家不断出台相关政策，鼓励天然气上游企业增产增供，大力提升国产天然气的供应能力。2017年，中共中央、国务院印发《关于深化石油天然气体制改革的若干意见》，鼓励勘探开发市场竞争。2018年，国务院印发《关于促进天然气协调稳定发展的若干意见》（国发〔2018〕31号），明确指出加大国内勘探开发力度，深化油气勘查开采管理体制改革。2019年，油气行业增储上产的“七年行动计划”，进一步细化了阶段性目标任务。2020年，国家发展改革委、国家能源局印发《关于做好2020年能源安全保障工作的指导意见》，要求坚持大力提升国内油气勘探开发力度，支持企业勘探开发投资稳中有增。加快页岩油气、致密气、煤层气等非常规油气资源勘探开发，保障持续稳产增产。

（二）勘探开发取得积极进展

目前，我国约有三分之二的常规天然气主要产自塔里木、鄂尔多斯、川渝和海上等区域。塔里木、长庆、青海、川渝等主力气田产量每年基本保持超过6%的增速。在相关政策的鼓励下，近三年，中石油、中石化等上游供气企业不断勘探开发出新的气田。塔里木盆地和准噶尔盆地深层油气、渤海海域天然气相继取得一批重大发现；渤中19-6气田是京津冀周边最大的海上凝析气田。2019年，中石油塔里木盆地博孜-大北气田博孜9井勘探成功，新探明天然气储量1 153亿立方米，天然气资源量超过1万亿立方米；中石化在鄂尔多斯盆地北部的东胜气田，新增探明储量超440亿立方米，累计探明储量超1 230亿立方米。

（三）天然气增产成效显著

2019年，我国天然气新增探明储量达到1.4万亿立方米，比上年增长68%；天然气产量超过1 700亿立方米，比上年增长11%以上，连续三年增产超过100亿立方米。分类型看，页岩气产量超130亿立方米，其中，作为主要产地的中石油川南页岩气产量达到80.3亿立方米。全国规模以上工业企业生产煤层气88.8亿立方米，增量16.2亿立方米。煤制气产量超30亿立方米。

二、天然气进口进一步多元化

（一）陆上管道气进口规模不断增加

目前，我国管道天然气进口主要通道有三条，分别是：中亚管道从中亚进入新疆运输至东部地区，中缅管道从缅甸进入云南运输至川渝地区，中俄东线从俄罗斯进入黑龙江再向南运输。2018年我国管道气进口量500亿立方米左右。2019年12月2日中俄东线北段建成投产。中俄东线通气，进一步优化了区域用气结构，形成多气源供应渠道，在我国天然气整体流向“自西向东”的基础上，增加了“北气南下”流向，进一步完善了我国东部地区的天然气管网布局，与东北管网系统、陕京系统、西气东输系统互联互通，对于增强冬季天然气保供能力起着重要作用。

（二）液化天然气进口来源国不断增加

2006年起，我国开始进口液化天然气（LNG），进口量稳步攀升。2010年以来，我国天然气进口量年均增速约26%，其中LNG进口年均增速超40%。2019年，我国天然气进口总量达9 600万吨，比上年增长7%左右；其中LNG进口6 025万吨，比上年增长12.4%，占进口总量的62.4%。进口来源不断多元化，主要有澳大利亚和巴布亚新几内亚等南太平洋岛国、卡塔尔和阿曼等中东国家、马来西亚和印度尼西亚等东南亚国家以及美国、俄罗斯等国。2018年1月，中俄能源合作重大项目——亚马尔液化天然气项目第二条LNG生产线正式投产。

2006年广东大鹏第一个LNG泊位投产，沿海LNG泊位建设稳步推进，但主要是南方沿海地区发展较快。截至2019年底，经国家核准的LNG接收站共计16座，总接收能力约8 410万吨/年（1 200亿立方米/年）。

（三）加快天然气管道互联互通

加快天然气管道重点项目建设，提高管输效率，加强区域间、企业间、气源间互供互保。2018—2019年供暖季，“南气北上”等互联互通工程大幅新增供气能力，有力保障了华北地区天然气供应。2019—2020供暖季，新增向京津冀等重点地区送气能力。大力协调推动“南气北上”“东北入关”等互联互通重点项目建成投产。

三、储气能力快速增加

经过近几年国家不断鼓励促进各地及企业加强储气设施建设，截至2019年底，全国形成储气能力约200亿立方米。

（一）加强统筹规划布局建设

2018年，印发《重点地区应急储气设施建设中央预算内投资（补助）专项管理办法》，2018—2020年利用中央预算内资金，支持各地建设地方3天储气能力项目。印发《国务院关于促进天然气协调稳定发展的若干意见》，推动以建立地下储气库和沿海液化天然气（LNG）接收站为主、重点地区内陆集约规模化LNG储罐为辅、管网互联互通为支撑的多层次储气系统。2019年，国家发展改革委、住房城乡建设部、国家能源局与全国30个地区签订了《明确储气设施规划建设责任备忘录》，进一步明确各方责任，督促各地提高重视，加快推进储气设施建设。

（二）鼓励合资合建集中建设等方式履行储气能力

部分省份采取与沿海LNG接收站合资、合建的模式落实储气能力规划目标。内陆地区主要采取从上游供气企业购买储气库储气能力，合资集中建设LNG储气设施，并以采用LNG罐箱集散中心为补充落实储气设施建设项目。

四、供销合同全面签订

（一）组织全面签订合同

供气企业与用户之间严格签订和执行合同是保障天然气稳定供应的基础。为此，国家发展改革委通过规范天然气合同文本、限定签订时间、强化监管等措施确保上游保供气企业和用户顺利完成销售合同签订。在签订过程中，鼓励上游供气企业与各地全面签订供气合同，通过合同锁定全年及供暖季民生用气资源，对于非民生用气鼓励通过市场化方式由供需双方协商落实资源，并针对少数地区不严格履行合同少提气或多提气问题，推行偏差结算条款，依据合同保障供用气双方权益。同时，利用第三方信用服务机构开展供用气合同签约履约信用数据采集工作，并建立信用记录，对履约不到位的地方和企业，约谈提醒；对问题突出的，予以通报，并实施失信联合惩戒。

（二）利用合同锁定“煤改气”用户新增用量

通过合同落实“煤改气”新增需求，保障人民群众温暖过冬。

发展“煤改气”等新用户，必须“先规划、先合同、后改造”；气源不落实、合同签订不到位的，暂不发展。城市燃气企业与下游用户签订的合同气量必须以上游可供气量为基础，务必做到“以资定供”“以供定需”，确保供需动态平衡。

（三）组织签订可中断合同

始终坚持以人民为中心的发展思想，立足现阶段资源偏紧、调峰矛盾突出的实际，把保障民生用气摆在首要位置，必要时采取有效措施，确保居民生活、取暖等民生用气需求。要求各地区和有关企业在天然气供销合同签订过程中，按照要求对暂时不具备储气能力的部分，积极通过签订可中断供用气合同履行储气责任，落实储气调峰能力，明确压减时间、气量以及补偿措施。

（四）建立可中断调峰用户清单

组织地方和上游供气企业建立“三个一亿方”可中断调峰用户清单，每年根据形势变化更新完善，必要时按照“确保安全、提前告知、充分沟通、稳妥推进”的原则科学确定减停供次序，确保民生等重点用气需求，并兼顾经济发展和工业生产用气需求。

第五节

运输保障质量和效益不断提升

货物运输连着生产和消费，是保障煤炭等生产要素稳定供应的重要环节。党的十八大以来，各有关方面认真贯彻落实党中央、国务院决策部署，坚决做好重点物资和重要时点运输保障，深入实施运输结构调整，产运需衔接能力持续增强，有力支撑了经济社会平稳运行。

一、煤炭等重点物资运输保障能力得到加强

在煤电油气运保障工作部际协调机制框架下，国家发展改革委会同交通运输部、国铁集团等部门和有关地方，加强组织领导和统筹协调，有效保障了煤炭等关系国计民生的重点物资运输，较好地

支撑了国民经济平稳运行。我国煤炭生产和消费区域分布的不平衡决定了“西煤东运”“北煤南运”的煤炭运输总体格局，随着煤炭去产能工作的深入推进，煤炭资源地与需求地的逆向分布愈加突出，煤炭运输格局发生较大调整，运输保障任务更加艰巨。近年来，有关部门和地方在加强运输组织，强化对重点区域、时段运力支持的同时，加快主要煤运通道、煤炭产销地铁路专用线建设，着力提高煤炭运输能力，较好地完成了煤炭运输保障任务，为确保迎峰度夏、冬季取暖等用煤高峰期的稳定供应发挥了重要作用。

二、运输结构调整取得积极进展

（一）顶层设计和工作机制不断完善

习近平总书记强调，要调整运输结构，减少公路运输量，增加铁路运输量[1]。2018年，国务院办公厅印发《推进运输结构调整三年行动计划》，明确了运输结构调整的总体要求和主要任务，成为推进运输结构调整的重要指导性文件。交通运输部、国家发展改革委等部门深入贯彻落实，细化分解运输结构调整各项具体任务；国铁集团将铁路货运增量完成情况进行分解，积极配合地方政府和企业建设铁路专用线；全国31个省（区、市）人民政府和新疆生产

[1] 在中央财经委员会第一次会议上的讲话（2018年4月2日），《人民日报》2018年4月3日。

建设兵团制定本地实施方案，并建立省级人民政府牵头的工作领导机制；国家能源投资集团、招商局集团、宁波港等相关行业骨干企业加快推进干线铁路建设、多式联运创新发展等工作。

（二）重点目标任务有序推进

一是货运结构不断优化，“公转铁”“公转水”取得重要进展。2019年，全国铁路、水路分别完成货物发送量43.2亿吨、74.7亿吨，比上年分别增长7.2%、6.3%，两者占全社会货运量的比重进一步提高。二是铁路运能有效提升，“微循环”进一步畅通。干线方面，2019年，全球里程最长的重载铁路——浩吉铁路建成通车，开辟了“北煤南运”新通道，规划年运输能力超过2亿吨。专用线方面，2019年，国家发展改革委会同交通运输部、国铁集团等部门和单位印发《关于加快推进铁路专用线建设的指导意见》，着力打通铁路运输“最后一公里”。三是主要港口、物流园区强化铁路衔接，公铁联运有序推进。环渤海、长三角地区的沿海主要港口矿石、焦炭等大宗货物铁路和水路疏港比例、大型工矿企业和新建物流园区铁路专用线接入比例都有明显提高。城市周边地区铁路集结转运中心和市内铁路站场设施加快改造，“外集内配、绿色联运”的公铁联运城市配送新体系逐步推广。

（三）多式联运加快发展

一是联运设施能力不断提升。2018年，国家发展改革委、交通运输部联合印发《国家物流枢纽布局和建设规划》，提出加快支持建设多式联运场站及快速换装转运设施。2019年首批纳入“国家物流枢纽建设名单”的23个物流枢纽中，11个涉及多式联运设施项目。国际多式联运通道建设加快，中欧班列节点布局进一步完善。2019年，中欧班列累计开行8 225列，比上年增长29%。二是组织模式不断创新。初步形成以集装箱多式联运为主，商品车、冷链等专业化多式联运为补充的发展态势；探索推出铁路集装箱“一箱到底”、全程提单、“卡车航班”等创新模式；商品车滚装操作规程、集装箱多式联运电子运单等行业标准得到推广；不同运输方式间逐步开展信息互联互通。三是示范工程建设有序推进。交通运输部、国家发展改革委已累计开展3批共70个多式联运示范工程项目建设，在基础设施衔接、组织模式创新、装备研发应用、信息互联互通等方面先行先试，形成了一批可复制可推广的经验。2019年对第一批示范工程项目进行了验收，公布首批12家“国家多式联运示范工程”。

第六节

应急管理体系建设积极推进

煤电油气是一个地区或一个国家生产生活有序开展的基础，是经济平稳运行的重要保障条件，直接影响到经济社会各项事业的发展。极端天气等自然灾害、各类安全生产事故等因素导致的突发事件都会造成煤电油气供需紧张，使得市场不能有序运行，威胁到局部区域或者国家整体的正常生产生活秩序。随着我国经济持续高速发展，能源消费水平不断提升，近几年局部区域部分时段也发生了一些煤电油气中个别品种或多个品种供应紧张的情况，对煤电油气领域的治理提出了重大考验。

党中央、国务院高度重视煤电油气应急保障工作，成立了跨部门的综合协调机制，完善了应急预案体系和监测预警体系，有力保障了重点领域、重要时段、重大活动和重大突发事件等应急状态下煤电油气运的稳定供应，保持了供需总体平衡，有效保障了正常生产和生活需求，为经济持续健康发展和社会和谐稳定提供了重要支撑。

一、煤电油气运保障机制更加健全

为贯彻落实党中央、国务院决策部署，及时解决宏观经济运行中的煤电油气应急保障问题，组建了由发展改革委牵头，工业和信息化部、财政部、交通运输部、水利部、农业农村部、国家能源局等部门参与的煤电油气运保障工作部际协调机制，妥善解决跨部门、跨行业、跨地区煤电油气运工作的突出矛盾和问题，实施煤电油气运重大突发事件的应急指挥和综合协调，加大各项政策措施的制定效率和执行力度，为地方和部门做好服务。同时，各地也相应成立了煤电油气运综合协调应急领导小组。

二、煤电油气应急预案体系不断完善

为维护煤电油气的正常生产和供给秩序，避免或缓解煤电油气运突发大范围供给困难或供求失衡等对经济社会产生的影响，结合《国家突发公共事件总体应急预案》，有关部门先后制定了《国家处置电网大面积停电事件应急预案》《陆上石油天然气储运事故灾难应急预案》《海洋石油天然气作业事故灾难应急预案》等多个专项预案和部门预案。地方部分省（市）制定出台了《煤电油气运综合协调应急预案》，一些省（市）按能源品类制定了相应的应急预案，如《天然气迎峰度冬应急预案》《成品油供应应急预案》等。能源企业也制定了应急预案，如《中国石油天然集团公司突发事件应急预案》《石油天然气管道突发事件应急预案》等。

三、供需形势监测分析能力逐步加强

各级经济运行调节部门不断加大经济运行态势监测分析力度，力求准确把握宏观经济走势和煤电油气运供需形势，按照缩短周期、增加密度、拓宽领域、延伸深度的原则，完善月度分析例会和监测旬报、月报等制度，为有效开展应急保障工作提供基础支撑。会同煤炭电力等行业协会、煤电油气运企业和地方有关部门建立多层次、广覆盖的监测工作体系，强化动态监测和预警，增强工作的预见性。加强重点领域和供应紧张地区的调查研究，综合分析生产、运输、消费、库存和价格的变化情况，及时发现苗头性、倾向性问题，提出调控调节的政策措施建议。

四、应急保障能力不断增强

为增强突发事件应急保障能力，通过总结重大突发事件应对中应急物资的实际使用情况，组织编制并印发了《应急保障重点物资分类目录（2015年）》。开展应急资源调查，汇总形成了包括5 000多家企业信息的应急物资生产企业名录。为适应应急保障工作形势变化，会同有关部门建设了国家应急资源信息服务系统，汇聚了全国数千家应急保障企业、各类救援队伍和应急基础设施等信息，向有关部门、地方和企业提供应急资源信息服务，涵盖了生活救助、应急通信、医药储备、消防应急、医疗救援、民政救灾、溢油处置、防汛抗旱、草原防火、森林防火等领域。与工业和信息化部、公安部等13个部门和单位联合签署了《国家应急物资保障信息共享备忘录》，制定了《国家应急物资保障信息服务系统共享信息目录（2017年）》，约定了各参与单位共享的信息内容，明确了信息共享方式、更新频率和管理责任，并建立了相应的工作机制。

五、应急管理工作取得积极成效

在党中央、国务院的坚强领导下，在煤电油气运保障工作部际协调机制框架下，成功应对了四川汶川地震、青海玉树地震、甘肃舟曲特大泥石流等重大自然灾害，圆满完成了煤电油气运等重要生产要素和救灾物资保障工作，及时抢修了电力、交通、通信等基础设施；有效化解了电煤市场供应和电力迎峰度夏、天然气迎峰度冬等重点时段的突出矛盾，有力保障了北京奥运会、上海世博会、党的十八大和十九大以及每年的“两会”等重大活动的煤电油气稳定供应，为经济持续健康发展和社会和谐稳定提供了有力保障。

第四章

“十四五”时期煤电油气保障供应面临的形势

当前及今后一个时期，全球能源领域面临重大变化，能源需求增速放缓且重心向亚太转移，油气供应多极化且美国等非欧佩克国家将引领全球供应增长，能源科技的清洁化、智能化发展方向将更为清晰，能源结构的低碳化、电力化发展趋势将更为明显。“十四五”时期是我国在全面建成小康社会基础上开启全面建设社会主义现代化国家新征程，向第二个百年奋斗目标进军的重要时期，随着我国不断深化市场化改革，持续扩大高水平开放，中国经济将进一步融入世界经济。在国际能源变革的大背景下，我国煤电油气保供工作机遇与挑战并存。

第一节

我国能源供需趋势

一、煤电油气供需总体形势分析

（一）能源需求持续增长，增速有所放缓

“十四五”时期，随着经济持续稳定增长和人民生活水平不断提升，能源需求将持续增长。我国人均能源消耗量虽已超过世界平均水平，但仍不足发达国家平均水平的60%，只有美国人均水平的1/3左右。“十四五”时期，在全面建成小康社会的基础上，我国对现代优质能源服务的需求将持续上升，建筑、交通、居民生活等用能需求将持续刚性增长。同时，我国城乡区域发展差距较大，许多地区工业化发展还有较大空间，工业用能需求也将有所增长。

另一方面，我国经济已由高速增长阶段转向高质量发展阶段，产业结构持续优化，能源利用效率不断提升，能源需求将步入中速增长阶段。同时，伴随我国城镇化进程放缓，房地产、汽车消费等步入稳定发展阶段，加之建筑、交通等领域能源利用效率持续提升，对能源需求的拉动作用将有所降低。此外，新冠肺炎疫情全球蔓延和国际贸易投资萎缩等因素，也将对能源需求增长带来负向影响。

（二）能源供应总体有保障

我国国内能源供应保障能力较强，利用国际市场油气资源条件较好，“十四五”时期能源供应总体有保障。我国已经建成全球最大的能源供应体系，多个能源品种产量产能位居世界第一，能源整体自给率接近80%。伴随非化石能源快速发展，特别是光伏、风电等逐步实现平价上网，以及开发利用技术不断突破，成本下降，国内清洁能源供应能力持续增长。同时，在发达国家石油消费普遍饱和情况下，国际油气供应将继续维持宽松态势，加之我国海外权益油气产量不断增长，油气进口渠道和基础设施不断完善，具有增加优质能源进口的有利条件。

（三）结构优化问题更加迫切

随着能源供需矛盾基本解决，能源结构优化问题更加迫切。“十四五”时期，非化石能源将快速增长，在存量、增量中与化石能源的竞争更加激烈。同时，生态环境对能源发展的约束不断加强，环境污染治理重点地区普遍面临加快优化能源结构、降低煤炭消费比重的巨大压力。在一些可再生能源发展较快地区，由于本地消纳空间有限、外送能力不足，局部地区可能出现清洁能源供应过剩状况。

二、重要能源品种供需形势

（一）煤炭

煤炭占能源消费总量的比重将会下降。从需求侧看，电力行业中非化石电力已成为供应增量主体，电煤消费增长速度持续放缓。钢铁、建材等行业需求逐渐趋于饱和，加之电炉钢等比重提升，煤炭需求呈稳中有降态势。焦炭、合成氨等传统煤化工行业煤炭需求基本饱和，煤制烯烃、煤制油气等现代煤化工短期内将有所发展，但受市场需求、生态环境和水资源、经济性等制约，大幅增长空间有限。居民生活领域伴随清洁取暖持续推进，煤炭需求将逐步降低。总的看，煤炭需求继续增长，但增幅放缓，且占能源消费总量的比重将下降。随着供给侧结构性改革成果的巩固，煤炭供应保障能力不断增强，能满足煤炭消费增长的需要。

（二）油气

石油和天然气需求持续增长。石油需求方面，伴随汽车销售量增速放缓、新能源汽车加快普及，成品油需求进入小幅稳定增长阶段，新增交通石油需求主要来自航空航运、公路货运等领域；化工用油快速增长，伴随乙烯、PX等产能加快建设，用作化工原料的石油需求持续较快增长。天然气需求方面，伴随清洁取暖等工作深入推进，以及天然气基础设施不断完善，我国天然气需求持续快速增长，增量主要来自发电、工业、居民生活领域。油气供应方面，我国国内油气勘探开发力度加大，进口来源更加多元化。

（三）电力

电力需求持续较快增长，但增速有所放缓，供应结构加快优化，非化石电力比重持续提升。需求方面，伴随先进制造业和服务业加快发展，数据中心、电动汽车、机器人等用电新需求不断涌现，清洁取暖、船舶岸电等电能替代加快推进，我国电气化水平将持续提升，但电力消费增速相比快速工业化阶段有所放缓。供应方面，“十四五”时期，陆上风电、光伏发电陆续实现平价上网，将成为满足新增电力需求的主力电源。分布式可再生能源凭借靠近电力负荷中心以及价格优势，在东中部地区发展规模将大幅增长。常规水电、核电等装机规模稳步增长，仍是实现我国非化石能源发展目标的重要支撑。煤电装机由于平均利用小时数不高，整体增长空间有限，布局加快调整，在继续发挥电力系统安全可靠主力电源作用的同时，对促进新能源消纳、加强电力系统调峰的作用将得到进一步发挥。

三、影响煤电油气保障供应的主要因素

（一）经济因素

经济性是影响能源供应保障和结构优化的主要因素。“十四五”时期，我国能源需求增长速度放缓，但能源生产成本面临一定上涨压力。我国石油产量2016—2018年连续三年下降，未来国内油气勘探开发主要向“深海、深层、非常规”的资源区发展，原油中的稠油、低丰度原油、页岩油等占比提升，天然气的新增产量主要来自超深层、低渗致密、高含硫、火山岩、页岩等复杂气藏，品位相对较低，勘探开发难度和成本将明显加大。

我国剩余待开发的水电资源集中在西南地区，开发难度大、移民成本高。三代核电技术增加的安全保护措施投资较大，加之尚未实现规模化建设，成本难以下降。风电、太阳能发电等虽然发电成本快速下降，但对储能、调峰、电网建设等投资需求增长，综合能源成本大幅降低还需要较长时间。

（二）环境因素

改善区域环境质量、应对气候变化成为能源发展重要约束。近年来，我国环境治理取得前所未有的成效，但环境质量整体改善拐点尚未到来。在打赢蓝天保卫战背景下，随着我国现行污染物排放标准达到国际先进水平，末端治理的减排空间不断收窄、减排成本持续上升，需要从源头上显著优化能源消费结构，重点是减量替代化石能源消费。

目前，我国已有10个省（区、市）、多个城市制定了煤炭消费减量目标，个别城市对传统燃油汽车购买和使用出台限制政策。随着人民群众对环境质量改善要求不断提高，从源头上减量替代化石能源的压力更大。同时，在黄河流域生态保护和高质量发展背景下，也要求在开发沿线能源资源过程中，进一步提升能源绿色开采和水资源节约集约利用水平。此外，我国已对外作出应对气候变化国家自主贡献目标，下一步还将制定发布2050年低碳发展战略，积极应对气候变化对长期能源转型将提出更高要求。

（三）安全因素

我国能源供应国内自给程度较高，能源国际合作持续推进，能源安全整体保障较强，但在新的国内外环境下，面临的安全风险不容忽视。全球能源资源版图和格局出现深刻变化，对油气市场和国际能源合作带来一定影响。在美国实现“能源独立”和谋求“能源主导权”背景下，美国战略腾挪能力及对全球能源市场的影响力将进一步增强，全球能源地缘政治博弈面临更多不确定性。在新冠肺炎疫情冲击和全球经济衰退背景下，孤立主义、贸易保护主义等有所抬头，对能源领域贸易和投资合作带来一定冲击，极端条件下的能源安全保障能力需要进一步增强。

同时，随着电网、油气管网等规模不断扩大，大规模、远距离优化能源资源配置的需求快速增长，加之我国自然灾害多发频发，保障能源运行安全的压力加大。此外，伴随信息技术与电力系统、能源系统加速融合，保障能源系统网络安全、信息安全的形势更加严峻。

第二节

煤电油气保障供应面临的新变化

一、世界政治经济发展环境变化

“十四五”时期是我国全面建设现代化国家新征程的开局起步期，是世界百年未有之大变局的深度演变期，准确研判“十四五”时期国际政治经济地缘新特征新变化新趋势，对于维护延长我国重要战略机遇期、推动实现我国经济社会高质量发展，以及增强提升国际影响力、感召力、塑造力都具有重大现实意义。

国际格局和政治力量对比加速演变，我国面临大国战略竞争的严峻考验。随着各国特别是大国之间力量对比的不断变化，世界经济发展的不确定性也在逐步加大。在“利益优先”价值观支配下，全球地缘政治格局空前复杂。

国际产业发展和分工格局出现重大变革，美国大力实施“再工业化”战略，对外挑起贸易摩擦提高其他国家的成本，推动汽车、电子信息等制造业回流。低收入国家凭借成本优势，加速吸引劳动密集型产业转移。重塑我国实体经济竞争优势成为十分紧迫的任务。

全球能源资源版图发生重大变化，我国获取外部能源资源压力空前加大。“能源独立”是特朗普政府追求的重要战略目标。近年来，美国页岩油气开发取得重大进展，2017年成为天然气净出口国，2018年成为原油和成品油净出口国。国际能源供需格局将逐渐从以沙特为首的欧佩克、以俄罗斯为代表的非欧佩克，以及以美国为代表的消费方构成的三角关系，向更为复杂的四角关系嬗变。美国逐步摆脱对中东的石油依赖和政策掣肘，中东地缘政治经济风险明显上升，对我国能源安全带来更大挑战。

二、经济增速变化

2019年，我国人均国民收入超过10 000美元，进入中等收入偏上国家的行列，已经接近高收入国家的门槛。国际经验表明，当一个国家或地区达到这一发展阶段时，需求结构、产业结构、要素结构都会发生重大变化，出现经济增速“换挡”现象。目前，支撑我国经济增长的因素和条件也在发生深刻变化，主要体现在储蓄率回落、劳动力数量减少、劳动力转移效应和对外开放外溢效应降低、资源环境约束、产业结构向服务业演进等方面。

我国经济发展仍有巨大潜力、巨大余地和巨大韧性。经过改革开放以来四十多年的发展，我国物质技术基础日益增强，产业体系完整，国民储蓄率虽然出现回落，但仍显著高于世界上大多数国家水平，人力资本和科技创新对经济增长的贡献逐步提高，具有资金、劳动、科技等生产要素组合的综合优势。

我国是一个城乡之间和区域经济之间差异、差距都比较大的发展中大国，在推进城乡发展一体化和东中西部区域经济协同发展的过程中，通过引导生产要素合理流动，就会使得城市和沿海地区有可能失去比较优势的产业在农村和内地获得新的优势，进而使得一些产业、产品的生命周期有所延长，这种跨区域的产业梯度转移和推进效应就会产生新的生产力，保障我国经济有巨大的回旋余地。

改革开放以来，我们坚持社会主义市场经济的改革方向，充分发挥市场配置资源的作用，经济体制活力显著增强。不断健全宏观调控体系，既应对过经济过热和通货膨胀，也应对过有效需求不足、产能过剩和通货紧缩，经历过亚洲金融危机和国际金融危机的冲击，我国宏观调控能力和应对复杂局面的能力明显提高。我国发展仍处于并将长期处于重要战略机遇期，抓住并利用好这一战略机遇，就能成功实现经济转向高质量发展的目标。

突如其来的新冠肺炎疫情对我国经济运行有较大影响，但影响总体可控，没有也不会改变我国经济长期向好、稳中向好的基本面和发展趋势。综合考虑影响我国经济增长的各种短期因素、长期因素及其变化规律，预计“十四五”时期我国潜在经济增长率比“十三五”时期将有一定幅度下降。

三、能源供需结构变化

受益于相应技术进步和可持续发展的考虑，全球能源结构加快转型，低碳化和电力化将是当前及今后较长一段时期内的主要发展方向。先进制造业、现代服务业等中高端产业、中高端消费将成为能源需求新增长点；电气化持续推进，电能消费占比不断提高，电能替代将继续向建筑、交通、工商业等部门深入推进，电能在终端能源消费中的比重将从2019年的26%左右稳步提高到2025年的30%以上；“十四五”时期我国将基本完成工业化，随后高耗能产品的产能、产量都将呈下降趋势，工业领域的能耗增长空间将会部分被建筑和交通等消费领域的能耗增长所填补。

能源供应结构方面，新增用能需求将主要通过风电、太阳能发电以及天然气来实现；煤炭发展空间将受到严格限制；受资源约束等影响，水电、核电进一步发展空间相对有限。风电、太阳能发电将由主要依靠基地式大发展的路径，重点转向户用分布式发展，形成大规模集中利用与分布式生产、就地消纳有机结合，分布式与集中利用“两条腿”走路的格局。天然气作为推动能源低碳转型的重要过渡能源，在居民生活、发电、交通运输等各个领域的利用规模将进一步扩大。煤炭一方面将面临越来越严格的控制消费总量、降低消费比重、清洁高效利用的要求；另一方面，“压舱石”的战略定位将进一步明确，需要发挥在极端情况下弥补油气供应缺口的战略兜底作用和对新能源发展的战略支撑作用。核电将按照安全高效、沿海和内陆并重方针，加快建设。水电将在满足生态环保要求、建立合理的水电价格形成机制基础上，实现应开发尽开发。

四、能源生产消费布局变化

煤炭生产向晋陕蒙新高度集中。我国煤炭资源呈现“北富南贫、西多东少”的分布特点，山西、陕西、内蒙古、新疆为主要产煤区，消费地主要集中在东部和南部地区，这决定了我国北煤南运的格局。近年来，随着南方小煤矿加快退出，煤炭生产进一步向晋陕蒙新地区集中，目前四省区产量已占全国的75%以上，供需逆向分布的特征更为明显，这对我国煤炭运输和储备提出新的要求。一方面，煤炭主产地到消费地的运输能力要增强。如晋陕蒙新四省区新增煤炭产量主要通过铁路、公路、水路等方式输往煤炭净调入省份。另一方面，煤炭净调入省份也要加大煤炭储备能力，扩大煤炭消费地、铁路交通枢纽、主要中转港口等多元煤炭储备能力，以应对极端天气或突发事件对地区煤炭供应的影响。因此，在煤炭生产向晋陕蒙新集中的趋势下，保障煤炭净调入省份的煤炭供应和煤炭输出省份的输出能力，将成为全国煤炭安全稳定供应新的重大课题。

随着经济增速变化、结构变化以及产业转移的推进，东部地区能源需求增速有望进一步放缓，中西部地区能源需求仍将保持较快增长。综合考虑能源生产消费布局变化，东部地区需要充分利用国内外天然气，发展核电、分布式可再生能源和海上风电，积极吸纳其他地区富余清洁能源，加快建设海上油气资源战略接续区，继续推进煤炭减量。中部地区需要大力发展分布式可再生能源，压缩煤炭生产规模，加快发展煤层气，建设区外能源输入通道及能源中转枢纽。西南地区需要建设云贵川及金沙江等水电基地，大力发展川渝天然气，积极发展生物质能源，加快煤炭产能关停退出。西北地区需要建设化石能源和可再生能源大型综合能源基地，保障全国能源平衡。东北地区需要加快淘汰煤炭落后产能，大力发展新能源和可再生能源，实现供需平衡，完善国外能源输入通道。与此同时，还要有效衔接能源开发地与输送网。实行能源优先就地平衡，尽量减少远距离大规模输送。结合全国能源生产供应布局，统筹多种能源输送方式，推进能源开发基地、加工转换基地与能源输送通道的同步规划、同步建设。加快能源输送网络转型，减少网络冗余，提高系统运行效率，推动能源输送网络运营调度升级提效。

▌第三节▐

煤电油气保障供应面临的新要求

一、公众对稳定性可靠性要求越来越高

随着我国经济长期持续稳定发展，居民生活水平不断提高，全社会能源生产消费规模不断扩大，我国已成为全球最大的能源消费国。在已基本解决能源供应“有没有”的情况下，公众对能源发展的要求，开始从“保量”转移到“保质”，即解决能源供应“好不好”的问题。

比如，消费者对能源供应稳定性、可靠性要求不断增强，对电、气等能源基础设施服务的连续保障预期不断提高，一旦出现供电、供气服务中断的情况，社会上就会有舆论炒作。虽然我国能源总体供给保障能力明显增强，但在当前能源消费快速增长的趋势

下，电力、煤炭、燃气在部分区域及部分时段供应不足的风险一直存在。特别是近年来极端天气的出现越发频繁，水电比重大的西南等地区受来水影响能源供应矛盾一直很突出，极端高温、干旱或突发寒潮、洪水等导致各地用电、用气的峰谷差持续加大。

此外，我国天然气供应在气源、管道等突发性因素影响下，大规模减供、断供风险也非常突出，都可能削弱能源供应的稳定性和可靠性。但公众难以全面了解这些信息，相关应对措施的复杂性、艰巨性和难度等信息也难以充分传递到消费者，加大了公众建立保障能源供应合理预期的难度，也给能源运行管理工作带来了较大的挑战。

又如，能源价格也是公众十分敏感的话题。油价、气价、电价时常成为百姓的讨论热点，能源价格一旦出现波动，就会引发较多的社会舆论关注，公众焦虑感也会上升。一方面，这充分反映了能源在保障经济社会发展正常运转方面的基础性作用；另一方面，也反映了公众对能源这种特殊商品价格波动的预期较低，缺乏对能源虽然是特殊商品但终归是一种商品的合理认识。在未来能源市场化改革、还原能源商品属性的过程中，稳定能源价格预期不仅是一项重大任务，也是重大难点之一。

总之，消费者对能源供应保障稳定性可靠性不断提高的预期，是当前人民群众日益增长物质文化需要不断升级的一种客观反映，相应也大大提高了能源保障供应工作的难度。

二、运行调节面临两难或多难问题增多

随着我国经济步入高质量发展阶段，能源在经济社会发展中发挥的作用越来越多，提出的要求也越来越高。能源不仅要继续发挥保障经济社会持续运转的基础性作用，还要在生态文明建设中发挥支撑性作用，在保障民生、能源富民惠民上也要优先考虑。这意味着能源运行调节面临的要求不断增多、标准明显提高，但受到的约束却大大增强，可采取的保障手段也有所减少，能源运行常常面临两难甚至多难的局面。

比如，根据当前大气污染治理等环保要求，很多重点地区要削减煤炭消费，大量增加天然气和清洁低碳能源供应，增加天然气保供压力。为改变冬季高峰供气压力加大的被动情况，需要夏季加大力度注气存储，这导致迎峰度夏期间天然气发电能力受到限制，局部地区应对清洁能源发电波动性的系统调节能力就会削弱，电网运行安全也要经受考验。

又如，为稳定能源价格，需要增加低成本能源供应，但与煤炭行业去产能阶段性矛盾相互叠加，统筹协调做好煤炭去产能、保供应和稳价格的难度不断加大；与此同时，“气代煤”“电代煤”工作也按环保要求推进，但成本偏高、价格疏导困难，民生、环保和经济性等多方挑战交织在一起，客观上将长期存在，成为能源经济运行调节中的重大难题。

此外，随着能源多元化发展进程不断加快，不同能源品种间的关联性越来越强，电力需求快速增长，对电煤和天然气的需求大幅增加，煤炭、天然气供应的短缺都会互相传导，也能迅速影响到电力运行安全。这些过去虽然存在但矛盾并不突出的情况，在能源多轮驱动的新发展阶段，会更加频繁出现，都对能源安全运行调节提出了新的要求。

三、清洁能源比重进一步提升

加快清洁能源发展，改善能源供应结构，是习近平总书记能源安全新战略的重要组成部分。我国近年来加快清洁能源发展，已成为全球可再生能源利用规模最大的国家，水电、风电、太阳能发电等清洁能源新增发电容量和总发电规模连续多年保持世界第一。非化石能源发电也已成为我国新增电力装机的主力，在全部新增发电装机中的比重已连续7年超过一半。到2019年底，全国发电装机总量约20.1亿千瓦，包括非化石能源、燃气发电在内的全部清洁能源发电装机达9.2亿千瓦左右，比重高达46%，发电量比重也已超过30%，我国电力结构明显改善。特别是全国有11个省风电、太阳能发电在全部发电量中的比重已超过10%，其中甘肃的比重超过20%，青海甚至超过了25%。按照国家能源发展战略，未来还将继续扩大清洁能源开发利用规模，在能源消费增量中清洁能源对化石能源替代的范围还将扩大、速度还将加快，最终要实现清洁能源对存量化石能源的替代，建立高比例的清洁能源系统。

清洁能源比重不断提升，明显改善了我国能源供应结构，减少了污染物和温室气体排放。但风电、太阳能发电等天然具有波动性、随机性的特点，这类电源规模不断扩大对电力系统安全运行提出了更高要求。首先，为了适应电力系统的这种变化趋势，必须增加电力系统灵活性，除扩大抽蓄、气电等灵活机组建设外，还要对存量煤电机组的调节能力进行改造，增量煤电机组的技术特性及布局也要做出调整。其次，我国风能、太阳能及水能资源大多位于西北、华北和东北地区，远离中东部和沿海负荷中心，需要进行远距离、大规模的跨省电力资源输配，但特高压交直流电网远距离、大规模调配电力资源，加大了电网大面积停电风险，交直流混联电网规模不断扩大和新能源大规模接入，也增加了电网稳定运行的管控难度。此外，各地清洁能源比重持续提高的情况，往往与用电峰谷差逐步增大的趋势相叠加，对电力调度运行技术和管理方式都提出了全新要求。为适应清洁能源快速发展、优先满足并网消纳的需要，建立稳定性与灵活性兼顾的电力运行保障体系，不仅要求电源之间相互配合，还要求地区与地区之间、电源与负荷之间充分协调，实现系统内源网荷储等各种资源的统一调度安排。

四、需要更多用市场的办法解决问题

长期以来我国在能源领域施行的是以计划方式为主的管理模式。经过近年来的能源体制机制改革，能源市场化程度逐步提高。特别是从2015年开始，新一轮电力体制改革不断深入，油气领域体制改革进程也明显加快，目标是按照习近平总书记能源安全新战略的要求，还原能源商品属性，构建有效竞争的市场结构和市场体系，形成主要由市场决定能源价格的机制，转变政府对能源的监管方式，建立健全能源法治体系，加快建立现代能源市场体系。按照改革方向，我国不断放开竞争性领域市场准入，促进能源市场的供应主体日益多元；同时，推动建立煤炭、电力、油气等各类能源交易机构，加快放开发用电计划，提高能源产品的市场化交易比重；此外，将有序放开能源领域竞争性环节价格，严格自然垄断环节定价监管，加快推进能源价格市场化。

在能源市场化改革过程中，由于市场主体日益多元，市场竞争机制日益完善，能源运行管理中行政指令的调节手段在逐步减少，作用空间被逐步压缩，实施效果也有所弱化。随着市场交易机构的成立，竞争性环节的市场价格机制逐步完善，需要更多地通过价格、交易等市场化调节手段来实现调峰、应急和储备等目标。电力调度运行模式和手段也都要作出调整，更多用市场化的方式进行市场运行管理。

第四节

煤电油气保障供应面临的新挑战

近几年，在新技术、新模式、新业态带动之下，能源发展的内外部环境已发生深刻变革。政治、经济、环境、技术等因素交织在一起，将能源问题上升至国际影响力、产业竞争力、人类可持续发展的高度。能源发展形势日趋复杂，给煤电油气保障供应带来新的挑战。

一、国际能源发展的新挑战

（一）能源版图重塑，资源优势此消彼长

传统化石能源方面，资源版图正由两极主导向大三角格局转变。受益于页岩油气的大规模开发，未来美国油气产量将进一步增加，全球石油供应格局向“美国－沙特－俄罗斯”大三角转变，同时美国在全球天然气供应格局中的地位逐步增强，将成为与俄罗斯比肩的主要天然气供应国。此外，油砂、盐下油、可燃冰等资源开发取得重大突破，正在形成新的化石能源供应能力。可再生能源方面，资源分布与传统化石能源形成区域互补，广义能源资源优势在加速重构。

当前，可再生能源已成为全球能源转型重要力量，而全球可再生能源资源分布和开发并不均衡，中国和欧盟国家虽然在传统化石能源方面不具备资源优势，但可再生能源资源相对丰富。相关国家和地区都制定了大力发展可再生能源的战略，立足可再生能源资源优势，调整能源结构，增加本国能源供应保障能力、提升能源安全水平。

（二）供需格局转变，发展中国家成消费主力

当今世界能源供需格局出现“百年未有之大变局”：发达国家经济增长动力趋缓，以中国和印度为代表的发展中国家加快崛起，成为全球经济和能源消费增长的主要驱动力。发达国家能源消费基本饱和，甚至出现明显下降趋势。2008—2016年，经合组织成员国GDP年均增速仅1.4%，能源消费年均降幅达0.5%，美国、英国、德国、法国、日本等主要发达国家能源消费都出现明显下降。发展中国家能源消费增速有所放缓，但仍显著高于发达国家水平。

根据BP公司统计，2000—2018年，全球能源消费增长近40亿吨标准煤，增量中的95%以上都来自发展中国家。发展中国家占全球能源消费总量的比重由2000年的44.4%提高到接近60%，同时期中国占全球能源消费总量的比重由11.3%提高到23%。以中国、印度为代表的发展中国家不仅成为全球能源需求增长的主要动力，在引领能源技术革命、改革国际能源治理中也发挥着越来越重要的作用。

（三）地缘政治复杂，大国博弈色彩强烈

当前，发达国家与发展中国家全方位竞争和博弈加剧，单边主义、保护主义明显抬头，对全球经济和能源稳定发展带来一些不确定性。民粹主义和经济民族主义兴起，既有国际秩序和多边贸易体制受到严重冲击，全球一体化发展进程明显放缓，并且已经波及能源领域科技、贸易和投资合作。在美国实现“能源独立”、推行“美国优先”和谋求“能源主导权”背景下，美国战略腾挪能力及对全球能源市场的影响力将进一步增强。

虽然在全球能源供需整体宽松和可再生能源加速发展背景下，石油等传统化石能源作为战略商品在国际竞争博弈中的作用有所下降，但由于中东、东亚、南美等热点地区或国家紧张局势尚未完全缓和，一些地缘政治矛盾和冲突仍在不断演化，能源市场面临的风险和不确定性因素明显增多。

二、环境容量约束压力加大

（一）化石能源开发和使用已造成严重环境污染，环境容量成为发展过程中的重大瓶颈约束

受资源、技术和经济条件影响，化石能源一直是世界能源消费结构中的主导性品种。在带领人类走向现代文明的过程中，化石能源消费的进一步增长面临能源资源禀赋、生态环境、能源安全和气候变化等多重约束。当前，能源开发对生态环境破坏严重，加工转化引起的环境污染问题突出。我国煤矿开采每年均新增大量采空区，散煤燃烧是造成环境污染的原因之一。石油勘探开发对开发区域地下水域造成破坏，下游石油重化工等危化污染物产品严重威胁土壤和水系安全。一些沿海地区遍布重化工项目，对当地的渔业资源和生态环境都造成严重的破坏。水电项目开发中，部分项目对生态环境重视不够。

化石能源的使用已造成严重环境污染。据统计，我国细颗粒物（$PM_{2.5}$）排放的2/3、温室气体排放的3/4源于化石能源燃烧。2019年，全国337个地级及以上城市中，180个城市环境空气质量超标，占53.4%；159个城市的$PM_{2.5}$年均浓度超过国家二级标准，占47.2%。部分地区冬季空气重污染频发高发，一些城市出现臭氧污染加剧的现象。城市建成区黑臭水体大量存在，部分流域水体污染较重，排污布局与水环境承载能力不匹配。

（二）面对广大人民群众对美好生活的向往，需处理好高质量发展与高水平保护之间的关系

党的十八大以来，我国环境保护治理力度之大、环境质量改善速度之快有目共睹，但污染治理与经济发展尚未实现统筹协调、良性互动。全国整体生态环境质量改善“拐点”仍未到来，生态环境状况与人民群众对清新空气、干净饮水、安全食品、优美环境的要求之间仍存在较大差距。

党的十九大提出，我国社会主要矛盾已经转化为人民日益增长的美好生活需要和不平衡不充分的发展之间的矛盾。人民收入水平不断提高，空气、水、土壤等环境质量不断下降，这种矛盾在生态环境领域表现得愈加突出。在末端治理减排潜力趋于饱和情况下，从源头上彻底转变传统能源发展模式，成为全面打赢污染攻坚战的关键。这不仅关系人民群众生命健康，也关系社会稳定和政府对人民的庄严承诺。尤其是在经济下行压力加大的背景下，更需要统筹环境保护与经济发展的辩证统一，实现两者有机融合、良性互动，建立以绿色发展为导向的市场新机制，以高水平保护促高质量发展。

（三）我国已成为全球最大的二氧化碳排放国，应对气候变化压力日益增加

具有法律约束力的《巴黎协定》的签署，意味着积极应对全球

气候变化正从共识走向实际行动，气候变化已成为各国能源发展的重大约束，目前世界主要国家都把促进本国低碳绿色发展作为能源环境政策的主要取向。2019年12月欧盟发布《欧洲绿色协议》，提出了2050年欧洲大陆实现碳中和目标；丹麦、挪威、瑞典、英国、美国加州等国家和地区已经制定了零碳发展目标；虽然特朗普政府宣布退出《巴黎协定》，但以加州为代表的州政府则提出地方能源转型目标，如加州提出到2030年温室气体排放减少40%，可再生能源占比达到60%。

在相关政策的支撑和引导下，新能源领域科技研发与投入不断增加，全球能源正加速向低碳化、无碳化方向演变，全球能源绿色低碳转型已呈不可逆转之势。我国作为世界第一温室气体排放大国，排放总量接近美国及欧盟排放总和，人均排放量明显超过部分欧盟国家人均排放水平，并且还将持续增加。由于我国在全球排放增量中占主导地位，面临的控制温室气体排放、承担更大国际责任的压力不断加大。

三、能源综合安全压力加大

能源安全被定义为：“为最终用户平等提供可用的，可负担的，可靠的，高效的，环境友好的，主动治理的和社会可接受的能源服务。”换言之，它不再局限于以国家层面能源供需安全为核心的传统观念，也不再只聚焦能源的物理属性，而更体现出对全人类和地球生态系统的关切，一种全球层面的共同能源观念逐渐成型。与此同时，能源安全正从传统的单一的油气安全问题，开始向电力、煤炭、核能等多能源品种的全面安全演化，也开始向生态安全、公共安全、金融安全等复杂的安全问题演化，能源安全问题日趋复杂。具体到煤电油气领域，能源综合安全主要体现在总体供应安全、局部运行安全和经济安全三个方面。

（一）总体供应安全方面，油气资源对外依存度持续走高加大了安全风险，但风险相对可控

我国油气对外依存度维持高位，石油对外依存度超过70%，天然气对外依存度超过40%，境外资源来源和长期安全稳定供应风险加大。而且，我国原油进口多集中于中东、非洲等不稳定不确定因素较多的地区。

但另一方面，我国能源消费总体自给率大于80%，能源供应安全风险总体可控。主要油气出口大国，如沙特、俄罗斯、卡塔尔等，其经济安全和社会稳定严重依赖油气出口收入，对中国庞大的进口市场有不可替代的依赖，只要不发生大规模突发事件，以我国目前的国力和保障能力，完全可保障我国的油气供应安全。

（二）局部运行安全方面，我国能源运行保持较高稳定性，但电力和天然气区域性、季节性供应中断风险犹在

随着社会公众对稳定性可靠性要求越来越高，用气、用电一刻

也不能停，因此仍需加强应对极端天气条件下的电力供应中断，以及冬季采暖季天然气供应中断情况。

迎峰度夏期间，全国最大用电负荷突破10亿千瓦，大中型城市最大峰谷差占用电最大负荷的比重接近50%，一般省份也接近40%，应对峰谷差的挑战越来越艰巨。与此同时，破解可再生能源大规模发展对电力系统的冲击已成为世界性问题。未来随着随机性、波动性可再生能源的持续、快速发展，维护电力系统稳定性、保持电力供应成为能源安全的重要挑战。

（三）经济安全方面，我国是全球最大的能源进口国，但定价权、话语权缺失导致大量经济损失

以石油为例，进入21世纪，石油金融属性不断增强，在一些影响石油供应的具体事件发生的背景下，投机资金大规模炒作原油期货，导致石油价格出现大幅波动。2020年由于新冠肺炎疫情影响，全球石油价格“跳水”，引发“原油宝”等金融产品“坍塌”，造成舆论影响。

此外，我国还要被迫接受“亚洲溢价”。以天然气为例，尽管过去几年亚洲天然气价格已经大幅下滑，但是“亚洲溢价”依然明显存在。冬季供暖季天然气资源增量大部分来自成本较高的进口LNG。

综上所述，能源的经济安全问题现正成为能源综合安全的集中表现。用能成本的不断上升，将大大削弱产业竞争力，为此，我国

需要提升对于国际能源市场的掌控能力，在建立区域性的石油天然气交易中心、提高区域油气价格话语权方面，还需要做大量艰苦而又细致的工作。

四、能源技术进步的不确定性

在能源安全、生态退化、环境污染和气候变化的压力下，以清洁能源、低碳产业、环保技术为主要特征的绿色经济代表着未来的发展潮流。美国、日本、欧盟等发达国家和地区投入巨资，试图在这一轮新技术革命中抢占先机，占领未来竞争制高点。在此背景之下，我国比以往任何时候都更加需要紧紧依靠科技创新，带动生产力发生质的飞跃，推动经济社会的全面、协调、可持续发展。

（一）传统化石能源清洁开发利用难度大，低碳利用技术尚未突破

化石能源的固有属性，决定了清洁开发利用过程复杂，对资源开发、材料分选、燃烧过程、化工技术等多方面清洁技术提出较高要求，很难一蹴而就。我国煤炭资源增量主要来自晋陕蒙宁及新疆地区，这些地区大多水资源短缺，生态环境脆弱。我国大部分煤炭资源依靠井工开采，充填开采难度大、成本高。

我国国产原油品位不高、含硫量偏高，清洁利用须配套高纯度制氢装备，同时还需严格回收生产过程中产生的硫化氢等有毒气

体，生产过程复杂，生产周期拉长，生产效率下降，成本大幅提高。同时，高碳能源低碳化利用也存在较多技术不确定性。煤制油、煤制气虽初具产业规模，但发展受经济性及市场空间影响。碳捕集、利用与封存（CCUS）虽被誉为化石能源低碳发展的重要出路，但大规模发展面临的挑战较大，经济性较差，并且由于地下地质构造和地质活动影响，均可能发生后期二氧化碳气体逸失的情况，存在一定的安全风险。

（二）可再生能源大规模发展配套技术尚不健全，氢能等未来能源技术尚存不确定性

我国清洁能源发展迅速，但受电力体制、输送通道、供需错配等因素影响，大规模消纳存在制约，需要健全机制、完善技术。弃风弃光弃水不仅造成巨大社会财富浪费，更对产业升级和技术进步带来不利影响。我国工业电价等已经接近甚至超过发达国家水平，如果充分利用弃风弃光弃水电量，实际上有助于降低实体经济用能成本和增强竞争力。同时，提升可再生能源消纳水平，也有利于降低财政补贴强度，有利于形成促进技术进步的良性竞争市场机制。

氢能、超级电容、核聚变等未来能源技术，仍存在成本高、技术不成熟等瓶颈制约，发展前景仍然不明朗。以氢能为例，我国在储氢材料、燃料电池关键部件（如质子交换膜、催化剂等）等方面，与发达国家存在明显差距，全产业链成本较高，与化石能源相比目前根本不具有经济性。

（三）我国能源科技创新能力不足，而且面临人才、体制等多重约束以及越来越激烈的国际竞争

我国能源科技自主创新基础研究薄弱，尚未形成技术源头；缺乏世界领先的科技创新成果和技术，主体能源技术落后；自主创新高新技术系统化、工程化、产业化水平低，进入主流产业障碍重重。而且，我国能源技术领域的科研力量分散，缺乏领军性的创新平台开展共性技术的研发和产业化，技术人才也较为缺乏；能源技术战略不明确，管理体制和技术标准体系不健全，技术创新政策不规范。

此外，世界各国均充分认识到能源科技创新的重要性，拥有和掌握先进能源技术也就占据了未来能源发展乃至经济发展的制高点，围绕先进能源技术的竞争将更加激烈，也预示着技术封锁和遏制可能进一步加剧，知识产权壁垒将日益严重，也将一定程度制约我国能源科技创新能力提升。

第五章

以习近平新时代中国特色社会主义经济思想指导推进“十四五”时期煤电油气产供储销体系建设

面对“十四五”时期煤电油气保障供应的新形势，要坚持以习近平新时代中国特色社会主义经济思想为指导，深入贯彻落实习近平总书记关于煤电油气产供储销体系建设的重要论述，按照党中央、国务院决策部署，坚持以人民为中心，坚持系统思维，坚持底线思维，坚持问题导向，统筹能源安全和经济高质量发展，通过煤电油气产供储销体系建设以及交通运输协调保障、应急保供能力建设，着力增强能源供应保障能力，促进资源高效合理配置，提升能源系统调节水平，构建现代能源市场体系，满足经济社会发展需要。

第一节

煤电油气产供储销体系建设的总体考虑

一、指导思想

以习近平新时代中国特色社会主义思想为指导，全面贯彻落实党的十九大和十九届二中、三中、四中全会精神，按照党中央、国务院决策部署，紧紧围绕统筹推进“五位一体”总体布局和协调推进“四个全面”战略布局，坚持以人民为中心的发展思想，坚持稳中求进工作总基调，坚持以供给侧结构性改革为主线，落实总体国家安全观，践行“四个革命、一个合作”的能源新战略，统筹国内国际两个大局、两个市场和两种资源，统筹能源安全和经济高质量发展，充分发挥市场在资源配置中的决定性作用，更好发挥政府作用，着力优化生产结构，着力补齐供应短板，着力增强储备能力，着力完善市场机制，通过产供储销体系建设不断增强能源持续稳定供应能力、合理需求调控能力、风险预警和应急保供能力，促进相关各行业高质量发展，努力打造与新时代新要求相适应的清洁低碳安全高效的煤电油气保障体系，为建设社会主义现代化强国提供安全可靠的能源保障。

二、基本原则

坚持服务大局、民生优先。统筹煤电油气产供储销体系建设与经济高质量发展关系，立足于我国能源供需现状，以保障平稳运行为目标，增强能源供应保障能力，降低全社会用能成本，努力满足人民日益增长的美好生活需要，为经济高质量发展提供持续稳定、价格合理、品质优良的能源动力支撑。

坚持提质增效、动态平衡。抓好供给侧、需求侧及供需之间的协同，推动能源优质优供，推动煤电油气行业高质量发展。把提高能源供给质量作为长期主攻方向，重点解决发展不平衡、不充分的问题，优化存量资源配置，扩大优质增量供给，增强供给的适应性和灵活性，实现供需动态平衡。

坚持统筹规划、远近结合。煤电油气产供储销体系建设既要立足当前实际需要，聚焦最迫切的问题，努力缓解供需矛盾；更要着眼长远，标本兼治，构建适应新时代新要求的现代能源体系。深化体制机制创新，加快重点领域和关键环节改革步伐，健全煤电油气生产、配送、交易管理市场化制度，促进市场公平竞争。

坚持清洁发展、优化结构。坚持节约、高效、清洁并重，大幅提升化石能源清洁利用水平，推进煤炭清洁高效开发利用和减量替代，大幅提升清洁能源市场化开发利用水平，显著提高清洁能源消费占比。因地制宜，充分利用多种能源，推进北方地区清洁取暖。加快形成能源节约型社会，提高能源利用效率，引导能源消费升级。

坚持底线思维、防控风险。增强危机意识，牢牢把握能源安全主动权，统筹好安全裕量与经济代价关系，加强煤炭、电力、石油、天然气等领域储备能力建设，建立健全需求侧管理和应急调峰机制，完善应急预案，强化应急协调保障，确保民生需求，守住安全底线。

坚持统筹协调、形成合力。加强供需之间、区域之间、能源品种之间的协调平衡，实现有效衔接。强化工作机制建设，实现多目标统筹、多部门协同，压实各方责任，形成各方合力，为保障煤电油气平稳运行提供全面支撑。

三、总体思路

（一）提高“产”的能力，着力增强资源供应保障

针对我国煤电油气供给实际，更好发挥常规能源的基础作用，积极开发利用非常规油气资源，稳步发展可再生能源，推动清洁能

源成为能源增量主体。优化能源生产布局，综合考虑资源禀赋、水资源条件、生态环境承载力等因素，科学确定能源重点开发基地，统筹能源生产与输送。一是全面提高煤炭供给体系质量。进一步优化煤炭产业结构和布局，按照“先立后破”原则，加大淘汰落后产能力度，持续减少小型煤矿数量，大力破除低效无效供给。坚持“上大压小、增优汰劣”，加快优质产能释放，积极推进兼并重组，持续扩大优质增量供给。统筹煤炭就地转化与跨区域供应保障，保持产业链供应链协同稳定。二是积极推动国内油气稳产增产。坚定落实国内油气勘探开发的既定战略部署，坚持大力提升勘探开发力度，稳定并努力增加勘探开发投资和工作量。推动东部老油气田稳产，加大新区产能建设力度，做好未动用储量、新增探明储量开发评价和目标区优选建产工作。加快页岩油气、致密气、煤层气等非常规油气资源勘探开发，有序发展煤制油气产业。三是构建多元化电力生产格局。统筹优化电源规模布局，大力发展和消纳可再生能源，安全适度发展核电，充分发挥煤电调峰和兜底保供作用，推动煤电清洁高效发展，进一步完善优先发电制度。

（二）统筹“供”的途径，促进资源高效合理配置

适应能源供需格局变化，加快构建完善能源运输通道和输配网络，形成稳定可靠的输配保障体系。一是建立健全稳定可靠清洁的煤炭供给体系。结合煤炭供需区域变化、运输结构调整、特高压等电力输送通道建设布局和控制劣质煤进口等工作，着力提升铁路运

能，推动港口布局优化，统筹用好国内国外资源，保持合理进口规模，形成以国内资源为主、进口为补充的稳定供应格局。优化煤炭运输结构，深入推进煤炭清洁运输。二是提升石油天然气进口供应保障水平和管输能力。坚持互利共赢开放战略，全面提升能源国际合作质量和水平，积极参与全球能源治理，构建广泛利益共同体，构筑多元化境外资源供应格局，实现开放格局下的能源安全。加快天然气管道互联互通重大工程建设，优化管输效率，加强区域间、企业间、气源间互供互保。三是统筹推进电网建设。统筹外送通道建设，提高远距离输电能力，优先保证清洁能源送出，不断增强电网互济和保供能力。优化电网结构，提高系统安全水平。升级改造配电网，推进智能电网建设。

（三）补齐“储”的短板，提升能源系统调节水平

坚持保障战略安全与促进平稳运行相结合，突出石油储备的战略安全保障功能，增强煤炭、天然气、电力等储备的运行调节功能，充分发挥储备在有效防范风险、促进经济发展、优化调整结构等方面的作用。处理好政府与市场的关系，坚持政府储备和企业储备并重，明确不同主体在储备体系中的责任，科学确定储备规模，坚持以较小投入获取更佳效能。一是持续增强煤炭储备能力。优化煤炭储备制度，更多发挥地方和企业作用，建立健全以企业社会责任储备为主体、地方政府储备为补充，产品储备与产能储备有机结合的煤炭储备体系。二是加强油气储备设施建设。支持石油储备项目建设，推动相关企业

石油社会责任储备建设，有序增加储备规模。严格落实上游供气企业、管道企业、城镇燃气企业和地方政府储气责任，做好地下储气库、LNG储罐统筹规划布局，推进储气设施集约、规模建设。三是提升电力系统调节能力。加强调峰能力和调峰机制建设，提高电力系统灵活性和调节能力。大力推动储能项目建设和应用，围绕发电侧、电网侧、用户侧和社会化储能设施等需求，发展储能产业。

（四）破除“销”的障碍，构建现代能源市场体系

加快形成企业自主经营、消费者自由选择、商品和要素自由流动的煤电油气市场体系，健全煤炭、油气、电力等能源交易市场，确立公平开放透明统一的市场规则。深化需求侧管理，加快形成节约高效的消费模式。一是建立健全市场交易体系。加快全国煤炭交易中心建设，因地制宜推动区域煤炭交易中心建设，进一步提升市场配置资源效率。加快放开发用电计划，进一步完善电力市场交易政策。进一步完善国内成品油主体多元、公平竞争的市场格局，有序推进天然气基础设施公平开放。二是提高中长期合同签约履约水平。完善煤炭中长期合同制度，鼓励上游供气企业与各地全面签订供气合同，规范合同签订行为，明确监管标准，督促产运需各方按期按量履行中长期合同。三是深化需求侧管理。以电力市场化改革为契机，引导和激励电力用户挖掘调峰资源，参与系统调峰。动态调整天然气调峰用户清单，细化完善应急保供预案。

第二节

煤炭产供储销体系建设的实施路径

一、建立健全规模、优质、高效、绿色的煤炭生产体系

（一）着力巩固去产能成果

建立完善去产能工作台账，系统总结推广去产能工作经验和典型案例，坚决防止已经退出的产能死灰复燃。巩固淘汰落后产能、治理违法违规成果，进一步规范生产建设秩序。严格落实产能置换制度，形成新旧产能有序接替的长效机制。综合施策提高职工安置质量，推进资产债务处置，加快改革重组、结构调整、转型升级，推动行业企业高质量发展。

（二）着力优化产能结构

坚持结构性去产能、系统性优产能，严格安全、环保、能耗执法，分类处置30万吨/年以下煤矿、与环境敏感区重叠煤矿和长期停产停建的“僵尸企业”，加快退出达不到安全环保等要求的落后产能，为优质产能释放腾出环境容量和生产要素。坚持“上大压小、增优汰劣”，通过产能置换持续优化煤炭产能结构，扩大优质增量供给，促进供需动态平衡。主要煤炭调出地区科学规划煤炭和煤电、煤化工等下游产业发展，统筹煤炭就地转化与跨区域供应保障，保持产业链供应链协同稳定。

（三）着力优化生产开发布局

以大型煤炭基地建设为依托，系统优化煤炭生产开发布局。逐步降低生态环境脆弱、水资源短缺、开采条件复杂地区开发强度，退出不具备安全生产条件的高风险煤矿，加快陕北、神东、黄陇、新疆等大型煤炭基地建设，推动煤炭生产向资源条件好、竞争能力强、安全保障程度高的大型煤炭基地集中。深化煤炭领域“放管服”改革，加快煤矿手续办理，推动未核准煤矿加快核准、已核准煤矿加快开工建设、已建成煤矿加快投产。

（四）着力提升绿色智能开采水平

协同推动经济发展和环境保护，做好煤炭产业发展规划、矿区总体规划与环境影响评价规划的衔接。严格禁止在国家公园、自然保护区、风景名胜区、饮用水水源保护区规划布局新的煤矿项目，在煤矿设计、建设等环节严格执行环保标准，从源头上减少煤炭开发对生态环境的影响。严格限制高硫高灰煤项目开发，引导已核准的项目暂缓建设、正在建设的项目压缩规模、已投产的项目核减产能。因地制宜推广充填开采、保水开采、煤与瓦斯共采、矸石不升井、露天矿内排土等绿色开采技术，发展高精度洗选加工。加快煤矿机械化、自动化、信息化和智能化建设，突破智能钻探、无人开采、深井灾害防治、煤矿机器人运用等重大关键技术，进一步提高煤矿生产效率。加强对水、火、瓦斯、煤尘等重大灾害的监测、预警和防治，坚决遏制重特大事故，全面提升煤矿安全保障能力。

（五）着力推动兼并重组和转型升级

大力推动跨区域、跨所有制兼并重组和上下游融合发展，引导有效产能向优势企业和地区集中，培育一批具有较强国际竞争力的大型企业集团，增强抵御市场风险的能力。支持中央专业煤炭企业重组其他涉煤中央企业所属煤矿，鼓励主要产煤地区整合重组地方煤炭企业，鼓励矿区内大型煤炭企业整合中小煤炭企业，进一步提高产业集中度和生产技术水平。以产业延伸、更新和多元化发展为路径，因地制宜实施转产转型，逐步建立现代产业体系，加快新旧发展动能有序转换。

二、建立健全稳定、可靠、清洁、自主的供给体系

（一）充分挖掘现有铁路通道煤运能力

启动大秦线、唐呼线、瓦日线等一批扩能改造和能力补强项目，加快提升集疏运系统配套能力。研究启动衔接瓦日线的京广、京沪、京九线运输能力适应性改造，适度扩大瓦日线到站范围。

（二）打通重点产区和南下重点销区煤运瓶颈

加快提升浩吉铁路集疏运系统配套能力，2025年前逐步达到2亿吨设计运能。实施陕煤外运、疆煤外运、南方地区煤炭输入等重点煤运通道能力建设和提升工程。提高陕煤和疆煤外运量，南方重点地区铁路煤炭运输增量需求得到较好满足。

（三）提升港口中转能力

积极推动入港铁路专用线及支线扩能改造，加大铁路运力调配，系统提升港口的铁路集疏运能力和堆存能力，提高南方煤炭接卸集约化专业化水平。鼓励从事煤炭运输的通用散货泊位专业化改造，加大环保设施投入。大力推进码头岸电设施、船舶受电设施建设改造，鼓励对使用岸电的船舶实施优先靠泊优先通行等措施，着力提升岸电使用率，推进港口绿色发展。

（四）优化煤炭运输结构，深入推进煤炭清洁运输

完善铁路与港口的高效衔接设施，提升全国重点港口铁水联运比例和效率。进一步优化调整煤炭运输结构，积极推进铁路专用线建设，减少公路运输特别是中长距离运输量。鼓励发展煤炭集装箱运输，积极推进煤炭集运站、储煤场所的环保改造，努力减少环境污染，大力推进煤炭清洁储运配送能力建设。

三、建立多元、合理、灵活、互补的储备体系

（一）落实和完善最低最高库存制度

煤炭生产、经营、消费企业要落实不同时段最低最高库存要求，保持合理库存，其中，煤炭调入地区燃煤电厂常态存煤水平逐步达到20天以上。已建成燃煤电厂存煤能力达不到要求的，要对现有设施进行改造；不具备改造条件的，需与有关煤炭生产经营企业或邻近电厂签订代储、互保协议，满足存煤要求。

（二）增加储备能力

指导地区和企业结合实际，通过多种方式增加储备，增加煤炭供给弹性，保障电力、民生等重点领域用煤。一是建立健全煤炭可调节库存制度，逐步实现煤炭库存动态调节。二是引导推动企业履

行社会责任，鼓励有条件的企业在煤炭生产地、消费地、铁路交通枢纽、主要中转港口建立煤炭产品储备，按照合理辐射半径，培育建设一批储煤基地。三是综合考虑煤炭资源禀赋、开采布局、运输条件等因素，在核定生产能力范围内，通过政策引导等措施，确定一部分煤矿作为调峰储备产能，根据市场供需变化和应急调节需要，适当调整生产规模，提升煤炭供给弹性。

（三）积极推进产地储备

以优质动力煤、特殊稀缺煤种为重点，综合考虑国内煤炭布局，通过深入调查评估遴选，储备一批煤炭矿产地，实现煤炭资源长期稳定供应和可持续利用。

四、建立健全公正、规范、有序、开放的销售体系

（一）深入推进煤炭交易市场体系建设

探索煤炭交易市场体系新模式、新业态，完善煤炭现货市场，发展期货市场，推动与电子商务、现代物流、供应链金融和信息服务融合发展。充分发挥全国煤炭交易中心作用，逐步形成以全国煤炭交易中心为核心、区域煤炭市场为补充的功能齐全、层次分明、优势互补、信息共享、协同发展的现代煤炭交易市场体系。

（二）完善煤炭价格指数体系

进一步完善现有指数的形成和发布机制，引导多方参与监督，促进市场竞争，实现价格指数的优胜劣汰。搭建专业化煤炭价格指数发布平台，建立健全分区域、分煤种煤炭价格指数，形成全面系统、科学规范、具有标杆性的煤炭价格指数体系，不断提升我国在国际煤炭贸易定价中的话语权和影响力。

（三）大力推进煤电联营

“十四五”期间新上煤电、煤炭项目优先考虑煤电联营。在煤炭资源富集地区，重点推广坑口煤电一体化模式，推动煤矿和电厂由同一个法人控股和经营，暂不具备条件的，鼓励采用煤电双方大比例交叉持股模式；在电煤调入地区，结合北煤南运格局，支持煤炭、电力企业采取出资购买、控股参股等方式发展跨区域煤电联营。力争到2025年前，培育多家大型煤电一体化产业集团。

（四）完善煤炭中长期合同制度

进一步完善“基准价+浮动价”定价机制，推行标准化合同示范文本，规范合同签订，提高合同履约率。鼓励供需双方多签3年及以上量价齐全的中长期合同，鼓励供需双方多签直购直销合同，多签产运需三方合同。加强合同履行事中事后监管，健全监管办法，建立履约信用记录，实施守信联合激励和失信联合惩戒，促进中长期合同严格兑现。

（五）积极促进煤炭清洁高效利用

积极推进散煤清洁化治理，研究通过市场化手段，推动实施煤炭消费减量替代和清洁高效利用。提高原煤入选比例，推进燃煤电厂超低排放和节能改造。加快清洁高效技术研发和推广，推进分质分级利用，实施一批重大煤炭清洁高效利用技术示范工程。推进煤炭由燃料向燃料与原料并重转变，重点支持煤制油气产业发展，支持企业结合资源、运输条件、环境容纳能力布局煤制油气项目。

▌第三节▐

电力产供储销体系建设的实施路径

一、统筹优化电源规模布局，有序推动清洁发展

（一）推进风光水火储一体化发展

一是统筹电源规划建设。因地制宜采取风电、太阳能发电、水电、煤电、气电、储能等互相补充多品种开发，强化灵活性电源调节作用，优化各类电源规模配比，保持能源基地送电可持续性。二是建设风光水火储一体化基地。在“三北”资源富集地区规划建设风光水火储发电基地，鼓励优先利用近区新能源，优化配套煤电和储能设施调节能力，降低综合发电和输电成本，实现综合开发。三是优化发展布局。严格控制单一能源基地开发，科学有序开发大型

水电，建成一批具有良好调节能力的大型水电工程。优化新能源布局，集中开发和分散式开发并举。四是推动实现无补贴发展。鼓励新建风电、光伏发电项目平价上网，通过市场化竞争方式发展优势项目，降低可再生能源发电成本。

（二）安全适度发展核电

一是坚持安全第一、安全为先。坚持底线思维，加强核电安全相关制度建设，在完善制度保障的基础上强化执行监督、执法检查，对工程建设质量和安全管理造假的企业和个人实行一次造假终身禁入。二是适度发展。在确保安全的前提下，综合考虑各地厂址条件、电力需求等因素，合理布局核电项目，同时做好厂址保护。三是完善配套政策。把确保安全可靠的原则贯穿核电发展全过程，统筹推进核电全产业链均衡协调发展。完善核电相关法律法规标准系统和协调机制，加快推进相关法律法规立法，健全规划审批、建设运行等制度和标准。四是坚持核电技术装备自主创新。加强技术装备攻关，深入研究前沿核电技术与数字技术、生命科学技术等融合发展问题，推进核电堆型研制、装备制造、建设运营等，加快实现智能化、信息化、数字化转型。

（三）充分发挥煤电调峰和兜底保供作用

一是加强重点项目和基地布局。结合受端地区电力供需情况，在西部综合能源基地适当布局合理规模煤电项目，“两湖一江”地区依托浩吉铁路煤运通道布局路口电源，东部地区主要依靠区外来电，确有必要的，适当布局支撑性煤电。二是推动清洁高效发展。灵活性制造和灵活性改造并重，制造煤电机组时的参数设计必须考虑深度调峰的要求，对现有煤电机组实施灵活性改造。积极推进热电联产，在北方地区推行清洁取暖行动，积极替代燃煤小锅炉，规划建设以背压热电为主的热电联产项目。开展风光水火储一体化试点和优化布局，充分发挥煤电调峰能力，促进清洁能源多发满发。三是促进煤电行业健康发展。大力推进煤电联营，在新规划建设煤矿和煤电项目时，优先推进煤电联营。推动煤电企业扭亏脱困，推动煤电企业债转股项目落地。推进煤炭、电力中长期合同的规范签订和严格履约，实现煤电企业与上下游行业协同共赢发展。

（四）促进可再生能源消纳利用

实施可再生能源电力消纳保障机制。开展可再生能源就近消纳试点，在直接交易等方面予以倾斜。参考水火互济模式，完善风光水火储调峰补偿政策，提高调峰积极性。鼓励通过多种方式就近消纳生物质资源。继续推动可再生能源规模化外送。

二、统筹发展增量和优化存量，增强资源配置能力

（一）统筹外送通道建设，提高远距离输电能力

科学布局增量，有序安排跨省区送电通道建设，优先清洁能源送出。进一步加强西电东送通道对资源配置的能力，区域内各级电网协调均衡发展，建成适应区域特点的清晰网架结构。加强电网与火电、可再生能源等规划统筹衔接，强化电力项目在各环节的统筹和协调，合理安排通道投产时序。

（二）优化电网结构，提高系统安全水平

一是调整完善区域电网主网架。论证全国同步电网格局，提升各电压等级电网的协调性。东北区域优化500千伏省间联网；华北区域完善1 000千伏网架建设，推进蒙西电网与华北主网异步联网；西北区域进一步加强750千伏主网架结构；华中区域实现东四省电网与川渝藏电网异步联网；华东区域1 000千伏电网按需适时延伸，500千伏电网网架结构进一步加强；南方区域依托广东构建新外环的目标网架方案，理顺受端交直流混联电网形态结构。二是稳妥发展特高压。按照“直流送电、交流支撑”的原则稳妥发展特高压。特高压直流原则上用于跨区送电，稳步提升西电东送能力。特高压交流原则上用于构建受端区域主网，支撑跨区直流安全稳定运行。

三是提升电网运行效率。探索大电网之间的柔性互联，加强区域内省间电网互济能力，确保电力系统安全稳定运行和电力可靠供应。坚持分层分区原则，加强各电压等级电网协调运行，与分布式、综合能源快速发展相适应。

（三）升级改造配电网，推进智能电网建设

加强城镇配电网建设，实施新一轮农网改造升级工程。推进“互联网+”智能电网建设，通过打造电力供应网络，建设高效实用、具有可持续发展能力的全覆盖智能配电网。建设分层分布式控制体系，试点区域性控制保护技术；提升数据融合分析应用能力，提高配电网的自愈能力和供电可靠性；提升城市配电网不停电作业能力，加强配电网抢修管理；加强农村配电网电压治理，提高配电网无功电压控制能力；推进配电网装备标准化、序列化、简约化，提高配电网抵御自然灾害能力，推进配电网设备生命周期管理。

三、同步发展灵活性机组和储能项目，提升系统调峰能力

（一）加快推动储能示范应用

“十四五”期间围绕发电侧、电网侧、需求侧和社会化储能设施等需求，大力推进技术设备研发和项目示范，发展储能产

业。一是加强顶层设计，明确储能在能源系统的定位，研究制定储能发展战略，确定电力系统中储能规划建设原则和项目投资回收机制。二是不断健全完善储能商业化应用的市场机制，在发电侧、电网侧和需求侧推进应用。三是开展攻关，研究并突破大容量、高安全、低成本、高效率、长寿命的储能技术。四是建立健全储能管理体制机制，跟踪储能技术和应用发展情况，适时完善健全储能标准体系。

（二）加强调峰能力和调峰机制建设

建立健全投资回收机制，推动抽水蓄能电站、龙头水电站等具备调峰能力电源的建设。稳步建立燃煤自备电厂参与调峰的市场模式。按照煤电应急调峰储备电源和应急备用电源管理要求，发挥应急电源作用，增强电力应急保障能力。建立促进煤电灵活性制造改造的长效政策体系。参考水火互济模式，完善风光水火储电力调峰辅助服务市场化机制，提高调峰积极性。引导用户可中断负荷参与调峰调频，逐步建立跨省跨区电力辅助服务市场机制。

（三）促进氢能加速发展

一是加快规划制定，明确氢能定位，纳入能源管理，加快建立和完善技术规范、建设标准等管理体系。统筹谋划战略布局，明确发展目标和实施路线，系统构建政策实施体系，针对存在的技术短板，组织实施关键技术装备攻关。二是围绕产业发展全链条，建设一批基础研发和产业创新平台，形成创新体系。三是有序推进氢能示范应用试点，防止各地重复建设。

四、优化电力消费结构，提升用电服务质量

（一）促进源网荷储一体化融合发展

创新电力生产消费模式，优化整合电源侧、电网侧和需求侧资源，构建源网荷储高度融合的新一代电力系统。利用云计算、大数据、人工智能、物联网等技术，加强源网荷储互动，建立新型电力调度运行体系，构建虚拟电厂，发挥市场机制作用，引导源网荷储主动作为、自发组合、优化匹配、灵活调节、一体化发展，为电力系统提供支撑。

（二）创新推广需求侧响应

一是实施需求侧可中断负荷动态调整机制。研究确定可中断负荷调控目标，编制可中断负荷方案，加强宣传，组织演练并精细化实施。将居民、农业、重要公用事业和公益性服务用电纳入优先购电计划，优先予以保障。贯彻国家产业政策和节能环保政策，原则上重点限制违法违规和不合理用电。二是健全基于价格激励的需求响应措施。完善电力需求响应政策，引导和激励各

类电力市场主体挖掘调峰资源，逐步形成市场化导向的需求侧调峰能力。三是实施电能替代。以电能替代为抓手，不断提高电能占终端能源消费比重。重点推广或试点电采暖、地能热泵、工业电锅炉（窑炉）、农业电排灌、船舶岸电、机场桥载设备、电蓄能调峰等。四是提升用电侧智能化水平。构建“互联网+”电力运营模式，加快电能服务管理平台建设，全面推广智能调度控制系统，提升信息平台承载能力和业务应用水平，建设智能电网支撑智慧城市创新示范区。五是提升充电设施技术水平。加强充电基础设施配套电网建设与改造，推进电动汽车充放电行为的有序管理，拓展车联网等信息服务新领域，优化充电基础设施发展环境和产业格局。

（三）全面提升电气化水平

一是助力升级能源消费结构。推动产业结构调整与能源结构优化互驱共进，推动传统产业转型升级和高质量发展，限制高能耗、高污染产业发展及煤炭等化石能源消费。鼓励专业化综合能源服务市场主体发展，创新组织模式，构建业务生态，开展综合供能、综合用能、供用协同、能源技术、能源管理、能源金融等多种能源服务。二是大幅提高城镇终端电气化水平。实施终端用能清洁电能替代，提高城镇产业电气化水平，提高铁路电气化率，逐步普及太阳能发电与建筑一体化。三是加速推动电气化与信息化深度融合。保障各类新型合理用电，发展智慧能源城市，发展智能交通、智能物流，发展能源分享经济。

（四）形成多买多卖购售电格局

推进配售电改革，全面放开发电企业与用户自由交易，推动制定全国统一的电力交易基本规则。支持售电主体创新商业模式和服务内容，鼓励社会资本开展增量配电业务，明确增量配电网放开的具体办法，建立市场主体准入退出机制，完善市场主体信用体系。推进电力中长期合同规范签订和履约。研究制定电力中长期交易合同示范文本并推广执行，建立电力中长期合同监测指导机制，提高签约比例，加强执行刚性。

五、深化电力体制改革，增强电力发展活力

（一）推进电力体制改革举措落实到位

实现电力交易机构独立和规范运行，继续完善电网企业主辅分离，完成电网企业装备制造等辅业剥离；在深化电力中长期交易基础上，全面推进电力辅助服务市场建设，稳步推进电力现货市场建设；加快放开经营性用户发用电计划，建立完善优先发电、优先购电制度，科学编制、规范管理优先发电、优先购电计划；放开配售电业务，推动增量配电改革试点项目全面落地；建立相对成熟的监管机制，保障市场规则有效执行，市场环境公平

健康。

（二）以市场为手段推进各项电改政策释放红利

推进电力市场跨省跨区融合，建立健全辅助服务市场；全面实现非公益性、非调节性电量市场化，完善可再生能源配额制和绿证制度，引导新能源参与市场竞争；积极推动市场化方式落实优先发电、优先购电计划。配售电业务全面放开，社会资本广泛投资增量配电业务，形成多元发展的配售电市场主体，实现配售电充分竞争。

（三）逐步建立全国统一电力市场体系

电力市场放开至所有电源和用户，电力资源统一优化配置，市场体系趋于完善，市场决定价格，价格信号反映供需关系，容量市场逐步建立，需求侧响应机制逐步建立。

第四节

石油天然气产供储销体系建设的实施路径

一、努力提高国内油气生产能力

（一）大力提升国内油气勘探开发力度

一是加大风险勘查力度。深化东（中）部、发展西部、加快南方主要含油气盆地地质勘查。深化成熟区块精细勘查，加强老油区新领域深度挖潜；坚持新地区、新领域、新深度、新层位油气地质调查，形成一批后备资源。二是提高国内油气田采收率。深化精细油藏描述和剩余油研究，做好精细注采和加密调整，加强特低渗、致密油藏地质研究，加快智能分层注水、二元驱等技术攻关与试验，提高油藏采收率。三是加强非常规油气勘探开发。

积极推动致密油气、页岩油气产业发展，作为国内油气稳产增产的重要接替资源，加快页岩油气国家级示范区建设。探索海陆过渡相和陆相页岩油气勘探开发潜力，寻找新的核心区。

（二）推动炼油行业转型升级

推进炼油行业供给侧结构性改革，支持石化企业优化产品结构，加快淘汰工艺技术落后、安全隐患大、环境污染严重的落后产能，推动石化产业提质增效、转型升级和健康发展。推动炼油行业绿色发展，不断降低化学需氧量、氨氮、二氧化硫、氮氧化物、挥发性有机物等污染物排放，有效控制温室气体排放。综合考虑资源供给、环境容量、安全保障、产业基础等因素，完善石化产业布局，推进炼厂基地化、园区化、区域化建设，有序推进沿海七大石化产业基地建设，提高炼化一体化水平。

二、增强石油天然气供应保障能力

（一）拓宽油气进口渠道

加强与重点油气出口国多双边合作，加快推进重点项目合作，提升海外油气资源组织能力，保障进口资源稳定供应。做好国际市场油气供需形势分析，加强风险研判，建立健全应对机制，系统性提升我国油气综合保障能力。加快推进天然气进口国别（地区）、运输方式、进口通道、合同模式以及参与主体多元化，坚持长约、现货两手抓，在依靠长约保障天然气长期稳定供应的同时，充分发挥现货资源的调节作用。

（二）加快推进油气管网等基础设施建设

加快天然气管道互联互通重大工程建设，加快推进中俄东线、青宁输气管道等重点项目建设，完善国内干线管道布局，有效提升天然气管输能力和供应保障水平。立足“全国一张网”，提高管输效率，加强区域间、企业间、气源间互供互保。推进重点油品管道建设，保障炼厂原油供应和消费地成品油消费，逐步解决油品资源不平衡和运输瓶颈问题。加强管道保护和安全隐患治理。提高管道装备制造和工程技术水平，加快实现管道系统智能化、网络化。结合国内天然气供需形势，优化沿海地区LNG接收站布局，鼓励多元主体参与建设。推动LNG接收站与天然气干线管道之间连接。

三、大力提升油气储备能力

（一）大力推进储气设施建设

落实上游供气企业、管道企业、城镇燃气企业、县级以上地方人民政府储气能力的目标任务，逐步建立以地下储气库和沿海液化天然气接收站为主、重点地区内陆集约化规模化LNG储罐为辅、管网互联互通为支撑的多层次储气系统。

本着统筹规划、集约建设的原则，各省（区、市）编制发布省级储气设施建设专项规划，做好地下储气库、LNG储罐统筹规划布局，突出规模效应，推进储气设施集约、规模建设，避免储气设施小型化、分散化，从源头上消除安全隐患。地方政府和有关企业通过异地合作、参股合资等方式集中建设储气设施，共担共享投资建设成本和收益。鼓励现有LNG接收站扩大储罐规模，鼓励城市群合建共用储气设施，形成区域性储气调峰中心。

（二）大力推进储油设施建设

加快推进储油设施建设，完善石油储备体系，提高供应保障能力。支持企业储油设施建设，在用地、用海以及安评、环评等手续办理上予以支持。推动相关企业建立社会责任储备，提高石油储备能力。

四、营造良好发展环境

（一）营造良好的成品油市场环境

发挥市场在资源配置中的决定性作用，引导社会资本、外资公平进入，推动市场主体多元化，激发市场活力。强化对炼油、成品油销售、油品调和企业的监管，严厉打击非法生产调和成品油，以及黑加油站、黑加油车等非法销售行为，从严查处掺杂使假、以次充好等违法行为，严禁偷税漏税，营造公平竞争市场环境。

（二）促进天然气有序利用

各地和有关企业根据资源落实情况，有序发展工业用气项目。优先发展可中断、可压减的工业用气项目，签订可中断供气合同，制定错峰生产计划，确保高峰时有序用气。有序发展天然气调峰电站。推进天然气与可再生能源在电力、交通等领域的融合发展。

五、深化油气体制改革

（一）勘探开发体制改革

持续推进上游油气勘探开发主体多元化，吸引更多社会资本进入。建立已探明未动用储量加快动用机制，综合利用区块企业内部流转、参照产品分成等模式与各类主体合资合作开发、矿业权企业间流转和竞争性出让等手段，盘活储量存量。加强勘探开发领域市场竞争，严格油气勘查区块退出机制，实行区块竞争性出让。创新非常规油气勘探开发体制机制，推动页岩气勘探开发综合试点。

（二）油气管网体制改革

持续提升油气管网集约输送和公平服务能力，加快推进管道等基础设施向第三方公平开放，推动形成上游资源多主体多渠道供应、中间统一管网高效集输、下游销售市场充分竞争的“X+1+X”油气市场体系，营造公平竞争的市场环境，激发市场活力，充分发挥市场在资源配置中的决定性作用，促进国内供应主体多元化，提升油气供应保障能力。推动油气交易中心建设，发挥交易中心在市场化价格形成中的重要作用。

第五节

健全交通运输协调保障体系

一、全力做好重点物资和重要时段运输保障

适应未来货运需求增长逐步放缓的趋势，把握运输供需主要矛盾从“运得了”向“运得好”的转变，引导运输需求在时间、空间和方式结构上更加有序，更好实现供给和需求之间的平衡匹配，促进运输和经济发展、资源环境之间的协调。

（一）准确把握重点物资运输供需形势

密切跟踪煤炭、石油、天然气等大宗货物生产消费现状，充分认识当前运输组织格局及存在的瓶颈问题。结合本地区实际，深入分析在全社会货运需求增速下降的大趋势下，大宗货物运输需求的

增长速度、分布格局和通道能力变化，把握铁路、公路、水路运输的技术经济性，找准运输保障工作的主要矛盾。

（二）构建顺畅高效的运输保障协调机制

发挥煤电油气运保障工作部际协调机制以及各层级重点物资运输保障机制作用，加强各方统筹，密切关注重要时段电煤运输等关系国民经济平稳运行的重大事项，提前分析供需变化，制定方案，及时协调“货物争嘴”、需求激增等突出问题和结构性矛盾，综合发挥多种运输方式组合优势，确保满足正常生产生活需要。

（三）采取综合措施提升运输保障能力

加快补齐重点物资运输短板，提高铁路既有线路运输能力，完善铁路、港口集疏运体系，强化设备配置升级，提高场站作业能力。增加面向大型厂矿的铁路直达货运列车，提高协议制运输比例，扩大大宗物资运量运能互保协议范围，减少供需波动，降低企业和社会物流成本。充分发挥市场机制作用，利用市场调节实现行业需求、市场经济效益与运输能力等多种要素的平衡。更好发挥政府作用，结合社会现有运输及仓储需求和供给能力，做好运力及仓储资源的储备，保证重点物资运输需要。

（四）强化大宗物资国际运输保障

以维护国家经济和战略安全为目标，提升重要战略物资海运可控能力。完善境外港口节点布局，拓展国际航线，采取陆路运输、公铁联运、陆海联运等方式开辟国际运输新通道。进一步发挥中欧班列战略通道作用，提高辐射能力。

（五）推进大宗物资绿色高效运输

研究制定煤炭等重点物资清洁化运输的标准规范，为有效监管提供依据。稳妥推进大宗物资铁路运输“散改集”，提高运输效率，减少环境污染。持续推进运输结构调整，深入挖掘“公转铁”潜力，推动理顺公铁水运费合理的比价关系。提升煤炭等运输抑尘技术装备水平，更好满足抑尘效果和运输装卸要求。

二、持续提高货运效率推进现代物流发展

加快解决货运物流发展不平衡不充分的问题，推动行业发展方式转变、结构优化和动力转换，实现高质量发展，支撑降低实体经济特别是制造企业物流成本，提升经济运行效率，促进形成强大国内市场，构建现代化经济体系。

（一）推进运输结构调整

提升主要物流通道干线铁路运输能力，加快大型工矿企业和物流园区铁路专用线建设，优化铁路运输组织模式，提升铁路货运服务水平。优化升级水运系统，完善内河水运网络，推进集疏港铁路

建设，大力发展江海直达和江海联运，推动大宗货物集疏港运输向铁路、水路转移。

（二）加快多式联运发展

加大对公铁、铁水、空陆等不同运输方式的转运场站和“不落地”装卸设施等的投入力度，打通公铁水联运衔接“最后一公里”。鼓励跨运输方式企业的混合所有制改革，培育具有跨运输方式货运组织能力并承担全程责任的多式联运经营人。鼓励开展组织模式创新，发展江海中转、江海直达等联运新模式。鼓励骨干龙头企业在运输装备研发、多式联运单证统一、数据信息交换共享等方面先行先试，充分发挥引领示范作用。

（三）促进物流高质量发展

完善物流设施网络，推动国家物流枢纽网络建设，加强联运转运设施短板建设，完善城乡消费物流体系。促进物流业与制造业深度融合，积极推动物流装备制造业发展，提升物流服务实体经济能力。增强物流内生动力，发展物流服务新模式，实施物流智能化改造行动，促进物流供应链创新发展，加快国际物流、绿色物流发展，促进标准化单元化物流设施设备应用。完善政策环境，深化物流领域“放管服”改革，推进铁路货运服务提质增效，提升城市物流管理水平。

三、做好突发事件应急物流保障

聚焦突发事件物资保障需要，充分利用现有各类物流资源，以健全机制为主、硬件建设为辅，将新冠肺炎疫情应对中一些行之有效的做法上升为制度，加快构建政府统筹、企业运营、全社会共同参与的应急物流体系，为突发事件应对提供有力支撑。

（一）建立以企业为主体的应急物流队伍

充分发挥铁路、公路、民航、水运、邮政快递、物流园区、港口等各领域骨干企业作用，保障突发情况下的物流需要，提前做好运输、仓储、配送等物流能力储备。支持引导社会各方有序参与突发事件应急物流保障。

（二）提升物流设施应急保障能力

保障大中城市关键物流设施持续运行，为突发事件发生后维护生产生活秩序和应急物资供应提供支撑。充分依托国家物流枢纽、示范物流园区、骨干冷链物流基地、邮政快递核心枢纽和国家储备基础设施资源等，强化专用仓储、隔离区、快速中转换装等功能，打造一批平时服务、急时应急的物流基地。

（三）提高应急物流技术装备水平

探索航空运输能力社会化储备机制，发展快速通达技术装备，加强交通应急抢通能力建设。进一步推广集装箱、托盘等标准化装载单元，加强不同运输方式间衔接，提高多式联运效率。加快智能化仓储设施设备、投递设施发展。

（四）健全应急物流运转保障机制

健全应急状态下通行保障机制，加强城乡末端通行管理。引入第三方物流企业负责仓储、分拣、质量控制等现场应急物资管理作业，建立扁平化的应急物资调配机制。加快补齐国际航空货运、寄递物流国际网络等短板，健全国际物流保障机制。

第六节

加强煤电油气应急保供能力建设

煤电油气的应急保供是一项多层次、多主体参与的活动，涉及政府、能源生产、能源运输、能源储备、能源消费等主体，各主体协同应对非常重要。政府层面，需要明确相关主体的职责，建立应急协同机制；生产企业层面，需要加强与相关主管部门的沟通，在能源短缺时配合主管部门通过加大生产力度，保障市场供应；销售企业层面，要建立足够规模的应急储备，在能源短缺时配合主管部门有序释放储备，不扰乱市场秩序；运输企业层面，要保持运输通畅，确保调运系统安全；消费使用层面，在出现能源供应紧张时，要积极响应国家政策，通过需求侧管理、改变燃料种类等方式渡过紧张时期，促进市场恢复。另外，还应建立能源应急供应的区域协同机制、区域间能源应急资源的共享机制，提高区域应急预警和反应灵活性。

一、完善应急调度机制，落实保供责任

加快能源领域应急保供制度建设，规范各利益主体的应急行为，明确和落实政府部门、煤电油气供应链相关企业在应急预警、应急储备、应急决策、应急响应等环节中承担的责任和功能，形成应急主体间的合理分工与有效协作。健全完善能源应急协调联动机制，明确能源应急调度的调控范围、优先顺序、工作路径，完善释放商业储备或动用国家战略储备、动员生产企业紧急动用剩余产能的条件和程序，为能源应急提供保障。

二、健全能源应急组织，强化能源应急协同

进一步完善煤电油气运保障工作部际协调机制，优化能源应急的决策、执行、协调程序。加强顶层设计功能，对煤电油气应急重大问题进行决策。发挥部际协调机制作用，做好能源应急体系建设规划、监督、检查等日常工作，组织煤电油气应急预案编制，开展应急演练和国际合作，及时发布煤电油气应急信息和报告，指导相关协会等做好能源预测预警、能源储备等工作。各地区可根据辖区情况，比照上一级政府建立相应的协调机制，采取有效措施，加强能源应急相关设施和管理体系的建设，提高应急能力，有效应对和

处理辖区内能源供应突发事件，并接受上一级机构的领导和指挥，必要时可请求其指导和支持。重点用能、供能单位，应在内部设立应急管理机构，处置自身突发事件，并接受国家或所在区域能源应急管理部门的指挥和协调，强化应急响应，加强应急能力建设，做好能源储备与能源应急调运工作。

三、完善能源应急预案，加强能源应急演练

应急预案是能源供应应急响应的基本依据，能够确保能源短缺应急响应工作科学、有序地进行。需要尽快在原有的各类应急预案基础上，制定和完善煤炭、电力、石油、天然气供应应急专项预案，并建立国家、省、市、县四级能源供应保障应急预案，对现有的相对分散的应急预案加以整合和升级，形成完备的应急预案体系。在能源供应保障应急预案中，要对能源供应应急的组织指挥体系、应急监测与预警机制、分级响应机制及优先供应顺序、应急资源保障、应急处置及善后等工作做出基本安排。同时建立应急演练体系，以全面提升煤电油气应急能力，确保煤电油气出现短缺时做出快速响应。

四、建立能源预警机制，加强应急信息发布

能源监测预警可以对能源供应的关键节点和关键环节进行全方位监控，通过对能源生产、消费、中转、运输、进出口数据的收集

和处理，监测能源市场运行情况，设定能源供应预警的警戒线，一旦发现异常情况，及时向决策部门反馈，以确保应急响应的科学性、及时性和针对性。充分利用大数据技术，提升能源应急监测预警的信息化、智能化水平。建立以各类煤电油气市场供应主体为基础，各类社会专业机构广泛参与的机制，畅通专业机构预测预警信息和成果的及时、准确上报渠道。通过应急监测预警的信息发布，消除市场恐慌，稳定社会预期，保障能源市场的正常进行和价格稳定。

五、提高基础设施韧性，强化抗风险能力建设

我国具有较大规模的能源基础设施，包括生产、运输、中转、消费环节的设施设备和港口、铁路、公路、海运等基础设施。为了保障能源安全，减少因能源基础设施损坏或破坏造成的能源短缺，需要提升能源基础设施可靠性，补齐能源基础设施短板，促进能源基础设施互联互通，进行能源基础设施韧性评估。尤其是在石油储备基础设施、天然气产运储销基础设施、煤炭运输通道、高比例可再生能源电网、相关信息网络等方面，要切实提高能源基础设施韧性。

后 记

国家发展改革委组织开展了《学习贯彻习近平新时代中国特色社会主义经济思想 做好“十四五”规划编制和发展改革工作》系列丛书编写工作。基于我国能源生产供应的现状，为了更好地适应国内国际能源供需格局新变化、全球能源发展新趋势，推动能源生产和消费革命，专设了《加强煤电油气产供储销体系建设》一书。在国家发展改革委党组书记、主任何立峰同志的直接领导下，党组成员、副主任连维良同志悉心指导，经济运行调节局结合近几年工作实践进行了综合研究，起草形成书稿，其中部分研究成果已经体现在相关领域实际工作中。

参加本书起草和修改工作的有：李云卿、刘明、罗布次仁、成华、夏鑫、刘希龙、刘琼、左刚、杨波、蒋韧、张有生、唐社民、王健、刘莎莎、尹英、杨实君、傅昭南、周杨、王旭东、刘洪波、周波、蒋庭军、李国鑫、康沛、徐志红、郭少楠、翟发刚、陈海鲲、王海龙、曾辉、张进高、张屹然、栾叶君、王传伟、仝宇宸、石伯男、任泽宇、尹贻功、李强、刘昶、李聪、孙飞、符裕、张赛君、赵静、杨喆、熊华文、田智宇、高虎、符冠云等同志，袁达、孟玮、赵怀勇、杨特、杨云超、刘红、余志光、潘彪、高世宪、周伏秋、单葆国同志审改了书稿，中国市场出版社宋涛同志进行了编辑。希望本书的出版能够对各方面进一步推进煤电油气产供储销体系建设起到参考借鉴作用。

本书编写组

2020 年 8 月

学习贯彻习近平新时代中国特色社会主义经济思想

做好“十四五”规划编制和发展改革工作

| 系列丛书 |